JN106151

# 科 学 哲 学

# 54-1

日本科学哲学会

2021

# PHILOSOPHY OF SCIENCE

Journal of the Philosophy of Science Society, Japan

Vol.54   No.1

President
Tetsuji Iseda

Editor-in-Chief
Mitsuhiro Okada

2021

科学哲学 54-1 （2021）

自由応募論文

# 意味と理解——『哲学探究』の「ギャップ」に寄せて

丸田　健

**Abstract**

Does (the former) "Part II" of the *Philosophical Investigations* represent departures for new directions toward the "philosophy of psychology"? In this article, we will go back to Wittgenstein's pre-*Investigations* writings and see that the examination of the concept of meaning experiences, together with the examination of other "peculiar" psychological experiences, constitutes a driving force within his later philosophy. In particular, we will note that Part II of the *Brown Book* deals predominantly with themes from the philosophy of psychology, and how Wittgenstein attempts therein to represent descriptions of experiences in terms of the grammar of expression, thereby shunning the Augustinian conception of description. Such interest in meaning experiences and related psychological experiences is not fully reflected in the last sections of "Part I" of the *Investigations*. In view of Wittgenstein's prior concern, the possibility strongly remains that the now severed "Part II" forms in some way an indispensable part of his unfinished masterpiece.

## 1　導入

　ヴィトゲンシュタインの後期代表作『哲学探究』（以下略称『探究』）の第二部の位置付けは，長らく困惑の種だった．元の原稿 TS 234 (MS 144) は，ヴィトゲンシュタインが指名した遺稿管理人三人のうち，編者となったアンスコムとリーズの判断でブラックウェル版『探究』に加えられ，その書の「第二部」の名前を与えられることになった．第二部は心理的諸体験に関す

2020 年 5 月 22 日投稿，2021 年 3 月 27 日再投稿，2021 年 7 月 25 日審査終了

る議論が目立つため，その内容は一般的に「心理学の哲学」と表されてきた．もしヴィトゲンシュタインが自らの手で『探究』を出版できていたなら，彼は第一部となった原稿 TS 227 の後半に変更を加え，そこに TS 234 の内容を組み込んだであろうというのが編者たちの（ヴィトゲンシュタインとの生前のやり取りに基づく）了解であった．ところが二人の判断に対する疑いの声が第三の遺稿管理人フォン・ウリクトから発せられた．彼はヴィトゲンシュタインの死後に遅れて遺稿に関わることになった弟子だが，ヴィトゲンシュタインの遺稿研究の体系化へ主導的役割を果たした．彼は『探究』第二部は作成時期が第一部と違うことを明確にし，『探究』の編集方法について慎重な立場をとった．フォン・ウリクトの見解は一定の賛同を得るようになり，第一部と第二部を一体にすべきことを裏付ける証拠書類が欠如していることが決定的な理由で，問題の TS 234 は『探究』とは独立の原稿だと見なす流れが作られた．そして『探究』は第四版（2009）からは新しい編者（ハッカーとシュルテ）の下，旧第一部のみを『探究』とし，TS 234 は「心理学の哲学——断片」という新しい名でいわば付録として残ることになった[1]．

　しかし旧第二部の排除については，証拠の要請に加え，フォン・ウリクトの次の見解の影響も大きい．

　　私自身は，『探究』の第一部は完全な作品であり，1946 年以降のヴィトゲンシュタインの著述は或る意味，新しい方向への離脱（departures）を表している，という意見に傾いている（von Wright 1982 [1979]: 136; cf. 1992: 187; 2001: 8）．

フォン・ウリクトは，「新しい方向への離脱」とはどういうことかを，はっきりと述べていない．だが旧第二部では意味体験やアスペクト体験といった心理的体験をめぐる特定のテーマの考察が顕著である点に，何らかの新しさを見ていると察することができる．グロックは——彼も『探究』第一部とそれ以降の間に，或る種の断絶（break）を認めるが——，その「断絶」を次のように説明する：「『哲学探究』第一部では，（志向性，理解，思考といった）心的概念は，言語や意味の本質という主題との関係で重要な役割を果たす．しかし［第一部後は］心理学の哲学が，それ自身として議論される（Glock 1996: 27, 傍点追加）」[2]．グロックは曖昧さを残しつつも第二部はフレッシュな方向への出発だという（Glock 1996: 286）．ハッカーも「第二部は同じ本（つまり『探究』）の一部でない」とする点でフォン・ウリクトに同意する一人で，彼の長大な『探究』コメンタリーは旧第二部を注釈対象としていな

い．ハッカーは旧第二部についてこう述べている：「[……] そのように多く
の素材，とりわけアスペクト知覚の長々しい議論が，議論の構造を大きく崩
すことなしに，いかにして現存のテキストに組み込まれえたかを想像するこ
とは難しい (Hacker 1996: xvi)[3]」．ちなみにフォン・ウリクトは，『探究』の
旧第一部と旧第二部という「二つの非連続 (disconnected) な傑作」の
「ギャップ (gap)」をつなぐ手掛かりは，『断片 (Zettel)』──主に『探究』旧
第一部を仕上げ旧第二部を用意するまでの時期 (1945 年から 48 年) のタイプ
原稿からの切り抜きのストック[4]──にあるという可能性を指摘している．

　他方，旧第二部にあるテーマは，旧第一部の完成後，新たな方向への出発
として浮上したのでなく，1930 年代からヴィトゲンシュタインの関心に組み
込まれていたことを強調する論者もいる (cf. ter Hark 2010, Knot 2017)[5]．も
しこの視点に立つなら，旧第一部・第二部のギャップ（の印象）を解消する
する手掛かりは，フォン・ウリクトの予測よりずっと早い時期に見い出され
るべきとなるだろう．『探究』旧第二部で扱われる心理体験が 30 年代の考察
でも登場すること自体は新しい情報ではないが，この事実はまだ十分に検討
され，ヴィトゲンシュタイン哲学の全体理解に反映されてきたとは言えない
のでないか．そこで以下では『探究』以前に戻ってみることにする．我々は
『探究』に先行する時期の出版物を──特に意味体験周辺に照準を当てつ
つ──参照し，ヴィトゲンシュタインの思考を辿ることにしたい．本稿に特
色があるとすれば，それは我々の考察が，心理体験を記述する際の表出的な
言語使用──時に表明ともいう──を強調する点に見い出せるだろう[6]．

　本稿の見通しを次のように述べておく．我々は，意味体験への関心は，意
味とは何かという主題との関係で『探究』以前に登場し，アスペクト体験等
の心理的体験とも絡みながらヴィトゲンシュタインの後期思想を動かしてい
ることを見る．意味体験のような「もやもや」した体験は一見，意味とは無
関係なものとしてヴィトゲンシュタインが探求から切り捨てるものであるか
に見えるが，そうでない．ヴィトゲンシュタインの考察はいわば二段構えに
なっていると捉えるべきで，(a) 一方で彼は心的体験を意味の根拠と見るこ
とには断固否定的だが，(b) 彼の考えは他方で，意味体験は（無根拠な）表
明という文法によって言語に位置付けられ，意味の一部を構成しうることを
認めるものになっている．文法の違いを認識することが重要で，心的体験を
適切に記述することによって，ヴィトゲンシュタイン哲学における意味理
解，言語理解はより深まるはずである．以上のような（混同すべきでな
い）二重の観点は『探究』以前に既に見い出せるものだが，『探究』旧第一
部は心的体験については，否定的観点の印象が強く（とりわけ私的言語

論），そうでない観点は特に終盤で控え目に登場するのみである．（本稿で強調する）表出的観点からの考察は，『探究』以前と連続しつつ，旧第二部で再び——依然，おそらく未完であるが——より集中的に展開される．心理体験の表出の観点が『探究』以前からあり，『探究』旧第一部を通って，第二部へつながるように私には見える．この観点を手掛かりに，断絶でなく連続を説得的に示すことが，本稿の目的である．仮に旧第一部で『哲学探究』が完成していたなら，それを生前に出版しなかったのは何故かという素朴な疑問が生じる．ヴィトゲンシュタインは第一部だけでは『探究』は完成していないと考えており，不足を補うための作業が生前に間に合わなかったのだ，とする解釈は捨てがたく残されると思われる．

## 2　言葉の意味や理解とは何か——我々を見誤らせる言語観

　ヴィトゲンシュタインの哲学的理想は，つねに明瞭さ（Klarheit, Durchsichtigkeit）である（cf. TLP 4.112, CV p.9, PI §133）．「靄」や「霧」は不明瞭さの譬えであり，それらの語は大抵否定的な意味合いで登場する．『探究』の冒頭を見よう：

> ［……］言葉の意味についてのこの一般的観念が，言語の働き方を［……］靄（Dunst）で覆い，明瞭な見えを不可能にしている［……］（PI §5）．

意味とは何か——またそれを理解するとはどういうことか——を覆い隠す靄が，「アウグスチヌス的言語観」と呼ばれる言語像に由来することは周知の通りである．それは，「語はその指示対象を意味し，また文は語の組み合わせである．文は語の指示対象が結合して作られる事実を表す」とする言語の一般的描像で，ヴィトゲンシュタインのかつての考えもこの言語観の一つの産物である．語の指示対象として考えられるものは語によって——例えば一般名詞，固有名詞，抽象名詞か，また名詞以外の品詞かによって——異なりうるが，語が指す諸対象の組み合わせが作る事実を，その構造を保存して写し取ることで記述するのが文である，というのがこの言語観の基本的考えである．ヴィトゲンシュタインは言語使用の多様性を強調しつつ，この言語観の一面性，不十分性を仔細に検討することになる．

　言語を覆う靄には，第二の側面がある．それは（アウグスチヌス的言語観における）語と対象の結合を心的作用に求める「心理主義（psychologism）」の立場である．「語と結合し，語の意味となるのは何か」を考えるとき，意

味とは結局，心の中に形成される心的観念だ，とする立場に容易につなが
る．例えば「葉」という語が指すのは個々の葉でなく，すべての葉に共通な
一般化された葉，心に形成される葉のイメージだとされる（cf. BB p.18）．こ
の路線の考えは，意味を神秘的な心的な状態に求めるが，ヴィトゲンシュタ
インはとりわけこのアウグスチヌス的言語観の心理主義的ヴァージョンと対
決姿勢をとった．

　靄を晴らすには，プリミティブな言語ゲームと比較するのが有力な一手だ
と，ヴィトゲンシュタインは考えた（PI §5）．その代表例が，『探究』第二節
で登場する「大工の言語ゲーム」である．これがなぜ霧を散らすのに有効か
と言うと，まず「アウグスチヌス的言語観」に対しては，この実践的言語
ゲームは意味を——何かとの対応でなく——使用に見出させるメリットがあ
るからである．大工が叫ぶ「台石！」の意味は，それが単に石材の名前であ
ることにないし，それが事実を記述していることにもない．言葉の意味は一
般的に，実践の中での使用によって説明されるべきであって，「台石！」は
ここでは運搬の命令として解されねばならない．さらに「心理主義」に対し
ては，そのような使用を説明するときに，精神を持ち出さないというメリッ
トがある．使用を観察するとき，重要なのは振舞や状況といった外的な事象
であり，とりわけ単純な言語ゲームには精神性は寸分も見いだされない．
ヴィトゲンシュタインは『青色本』ではこう言っている：「言語の，このよ
うな単純な形態を観察するとき，通常の言語使用を覆っているかに見えるあ
の心的なものの霧（mist）は消失する（BB p.17）」．

　しかしこの種の単純で雲一つない言語ゲームは，言語探究の一つの手段と
なっても，それがそのまま人間の言語のモデルであるわけではない．大工の
言語ゲームは，機械的で無味乾燥である．人間が言葉を習得することは，特
定の目的を持った記号運用を，ただロボットのように規則的に遂行できるよ
うになることではない．言葉を身に付けることで，我々は自由な思考，自由
な活動をするようになる．また習得した言葉に馴染むにつれ，我々には言葉
そのものとの関わりも芽生える．言葉への感受性は，例えば詩を一つの頂点
とするような言語的創造性の世界も作らせるだろう．大工の言語ゲームで
は，そのような経験はまだ見当たらない．単純な言語ゲームには，単純化に
よって言語理解を促進する側面があろう．しかし単純さは裏返せば，実際の
言語ゲームとの違いを意味する．比較のための言語ゲームと実際の自然言語
とのディスアナロジーにも自覚的になることで，言語理解は深められねばな
らないだろう（cf. PI §130）．

## 3 意味体験に対する態度

　実際の言語について我々が注意を向けたいのは，言葉の「意味体験」の現象である[7]．それはいろいろな事例や言葉遣いで表しうるが，差し当たり我々はそれを，馴染みの言葉を見たり聞いたり言ったりするときに伴う，特徴的な「感じ（Gefühl, feeling）」の経験だとすることができよう．それは語が「意味を帯びて」感じられる経験である．ヴィトゲンシュタインは，これを「靄」という言葉で表すこともある：

> 誰かがこう言ったとしよう：我々の心の中では，例えば本の中の馴染みの語には皆，すでに靄（Dunst-）の輪——用法を軽く示す「暈」——がかかっている，と（PI p.181a/PPF §35）[8]．

この靄も実際の言葉の理解を曇らせるものなのか．勿論意味とは何かを説明したいとき，意味を専ら意味体験の中に見出そうとすれば，それはまさに心理主義の（悪しき）靄となり，視界はたちまち朦朧となるだろう．ヴィトゲンシュタインは明言している：「語の意味は，語を聞いたり言ったりするときの体験ではない．文の意味は，それらの体験を合わせたものではない（PI p.181c/PPF §37）．」だがこの体験には考えるべき問題が様々に絡んでいる．まずヴィトゲンシュタインは，このような体験について一面では徹底して否定的であるが，他面では否定に慎重でもある．彼のアンビバレントな態度は『哲学的文法』（以下『文法』[9]）に既に見ることができる[10]．それを確認したい．

＊

　最初に，ヴィトゲンシュタインが意味体験に冷淡な理由を見る．『文法』において意味体験への関心があることは，例えば冒頭に近い次のような箇所から分かる．

> 私は，文の「体験」について語ることができる（PG p.41）．
> 馴染みの言語の文を読むと，異なる品詞の語がまったく異なる仕方で体験される．［……］（「でない」「しかし」などの語に対応する感じについて，ウィリアム・ジェイムズが述べたことと比較せよ．）（PG p.58）

同時に，「意味の使用説」も，『文法』で姿を現している：「意味の説明は，語の用法を説明する．言語における語の用法がその語の意味である（PG pp.59-60）．」語の使用を支える文法規則は——しばしばチェスをアナロジー

に——はっきりした規則として考えられる：「我々は言語を，明確な規則に従ったゲームという観点の下で考察する（PG p.77）．」語の意味をこのように文法規則から捉えるなら，意味は当然，語に漂う語感とは区別されることになるだろう．全ての語に必要なのは規則に支えられたその使用であり，語感の主観的体験は，その使用に馴染んだ結果生じうるだけだからである．仮に「意味」という語を用いて，語感の体験を「意味の体験」と言うとしても，それは文法規則が定める一定の使用——つまり意味——が原因となって話者に生じうる剰余物に過ぎない．

> 意味とは，我々の意味では，意味の説明の中に記されている．他方もし我々が，「意味」という語で，語の使用に結び付いている特徴的感覚（charakteristische Empfindung）を意味するなら，語の説明と意味の間の関係はいわば原因と結果の間の関係になってしまう（PG p.60）．

「そうなってはならない」というのが，この箇所の含みである．なぜなら意味はその説明において与えられるもので，その説明が与える使用に経験的に伴うものではないからである．それゆえ特徴的感覚としての「意味」があるとすれば，それは文法的考察から抜け落ちる：

> 我々は意味の説明と言われるものだけを問題にし，それ以外の意味には，どんな意味でも関わらないことにしよう（PG p.69）．
> 文法，それは言語の取引帳簿である．随伴する感覚に関することでなく，言葉の日常の取引に関することを，すべてそこから見て取るべきである．／或る意味，我々にとってニュアンスは問題でないと言えよう（PG p.87）．

このように体験的なものは意味から切り捨てられる．

だが，ここで問題が生じる．ヴィトゲンシュタインは，意味体験に対する敏感な理解も同時に持っているからである．例えば次の引用にそれがある：

> 一つの語は，それがもたらす効果［つまり特徴的感覚の体験効果］から言えば，他のどんな語とも置き換えられないかもしれない．［……］（その言葉には単に意味だけでなく，魂がある．）詩の言葉が適切な合意に従って他の言葉に置き換えられたとき，詩は本質的に変わらないままだとは，誰も信じないだろう（PG p.69，［　］内の言葉は筆者補足）．

文法的規約上は同義語でも，ある語が心理的に代替不可能な場合がある．置き換えができないのは，その言葉には（他の語とも共通な）通常の意味に加え，独自の「魂（Seele）」が備わるからだというのが引用の趣旨である．もし語を置き換えることで詩が本質的に変わるなら，それは詩の意味が変わるということだ．だとするなら，文法規則が指定する使用だけでなく，使用がもたらす効果——語の特徴的感覚の体験——も，語の意味に関わると言うべきでないか．

　ヴィトゲンシュタイン哲学がその前期・後期において，意味の「対応説」から「使用説」へ転換したという一般的図式はもっともだとして，彼が「意味の使用説」に対し，最初から慎重な姿勢を見せていることは，注意に値すると思われる：

　　いったい意味は本当に，ただ語の使用だけにあるのか（PG p.65）.

　　理解を構成するのは，何か別のことでないか．すなわち「自分の胸の中の」感じや，その表現の体験でないか（PG p.66）.

この疑問は決して先に見た思考によって明確に解決済みとなったのではなかった[11]．意味体験に対するヴィトゲンシュタインの態度は，曖昧さを含む．彼は結局このテーマと晩年まで格闘を繰り返す[12]．なぜ彼は，その文法的考察において，言葉の印象体験という経験的事象への関心をきっぱり否定しないのだろうか．

　それができないのは，言葉に独特な雰囲気を感じる——「語に意味を感じる」と言いたくなる——経験が我々人間に，そしてヴィトゲンシュタインにも，根強くあるためであり，その事実を含めヴィトゲンシュタインが日常言語から出発するからである．ヴィトゲンシュタイン哲学は，ざらざらした日常言語こそが，我々の認識が立つほかない大地だと考える．彼によれば，哲学の課題は「我々の言語——すでに成り立っている言語——の用法を明らかにすることだ（PG p.115）」．「語に意味を感じる」等の表現が我々の言語で実際に生じるなら，それがたとえ文法規則が定める意味の因果的副産物でも，そこでの「意味」という語の使用も一つの使用として哲学的理解の対象となりうるだろう．意味の心的体験を認めることは，「意味の使用説」と矛盾はしない．むしろ「意味の使用説」は，意味体験の語りという言語使用を受け入れることで，柔軟な意味観としての本領を益々発揮できるはずである[13]．「意味」の異なる使用は，元々の「意味」の使用に還流し，「意味」の意味を広げるのだ，と考えることができる．

しかしそうだとすると，そのような言語使用はいかに理解されるべきものなのか，という疑問に向き合う必要が生じるだろう．意味体験の語りは，言葉とは独立に存在する心的な何かを記述するものなのか．その語りは，そのような心的なものによって正当化されるのか．そのような心的なものはいかにして抽出できるのか．——つまり意味体験のような心的経験をどのように言語の「取引帳簿」に記載するのかという課題がヴィトゲンシュタインを悩ませ，彼を様々な心的概念と格闘させることになる．

## 4 『茶色本』第二部

この課題に関し，特に『茶色本』第二部に，重要な考察を多く見つけることができる．『茶色本』は，『哲学探究』への先行的研究としてヴィトゲンシュタインが1934-5年に英語で口述した「個人的使用のためのドラフト」である．ヴィトゲンシュタインは翌1936年にこれのドイツ語訳——これは『哲学探究』という題と，その下に「改訂の試み」という添え書きで開始される手稿——を始めたが，結局その試みを断念し，現在の『探究』の直接的ソースとなる原稿に着手することになった．彼が翻訳の試みを断念したのは，英語原稿を叩き台にすることは彼の自然な思考の足枷になるとヴィトゲンシュタインが感じたからで[14]，『茶色本』の内容自体を否定したということではない．『茶色本』は読みにくい本だとの印象もあるが[15]，その印象は，多様な事例のつながりが展望しにくいことが引き起こすものかもしれない．だが注意深く読めば，様々な事例が試行的に錯綜する諸考察の根底には，目指されている方向性の骨太の感触があり，示唆的な内容を——仮に探索的なものであれ——多く含むと思われる．以下では意味体験との関連で注目すべきと思われるアイデアを，『茶色本』第二部を中心に拾い出したい．（第一部では原初的言語ゲームの記述や規則順守の考察が目立つのに対し，）第二部の内容は心理的諸体験の検討に特化しており，全体としては心的体験の記述をアウグスチヌス的モデルで捉える考えとの格闘になっている．

### 4.1 「transitive/intransitive」の区別（15節）

『茶色本』第二部の中盤でヴィトゲンシュタインは，「特有の (particular)[16]」という語について，次の指摘をする．

> [……]「特有の」という語の使用は，或る種の幻感を生み出しがちで，大雑把に言ってこの幻感は，この語の二重の用法によって生み出される．一方で我々は [[「特有の」]] を，特定化や記述や比較 (specification,

description, comparison）へと導く前置きとして使い，他方では，強調と言えるものとして使う，と言えるかもしれない．前者の用法を transitive な用法，後者を intransitive な用法と呼ぼう（BB p.158）．

例えば「この石鹸にある特有の匂い（BB p.158）」における「特有の」を，「子供時代に使っていた石鹸の匂い」といった記述へ置き換えうる場合，それは transitive（推移的）である．他方，その匂いが具体的記述を持たず，単に「印象的だ」「変わっている」ものとして強調を与えることしかできない場合もある．後者のように，「特有の」がそれ以上，特定化を持たないとき，それは intransitive である[17]．

　より哲学的な文脈では，この区別は例えば次のような場面で登場する．何かの色を見て「赤だ」と言うとき，それが赤だと何を根拠に言えるのかと問われるとする．それに対し，その色を見たとき「赤」という語が（まさに正しい語として）特有の仕方で私に浮かんできたからだと，心的経験を持ち出そうとするかもしれない．ならばその「特有の仕方」とはどういう仕方だろうか（例えばそれは二つのものを見たとき「二」という語が浮かぶ仕方とどう違うのか）．おそらく具体的記述を与えることは難しい（cf. BB pp.148-9（第10節））．特定化を欠くとすれば，ここでの「特有の」は，intransitive な強調的な用法となるはずである．

　ところが，intransitive な用法についても，記述による特定化がしがたいにもかかわらず，特定のものとして抽出できる何かが在るのだ，と考えたくなるケースがある．Transitive/intransitive の区別が哲学的問題の様相を帯びてくるのは，この種の場面である．我々は丁度，上の石鹸の intransitive な匂いを，例に選ぶことができよう．つまりそれが intransitive な「特有の匂い」であっても，それには言葉で表せない何か——自らを他から区別する何か——がある，それは即ちほかならぬこの匂いだ，と我々は思ったりする．そして哲学をしている際に「特有の匂い」を考えるとき，我々はこの匂いを取り出そうと，その感覚に注意を集中させることになるのである．あるいは「赤」が浮かんでくる特有の仕方の場合も同じである．人はそれを取り出そうと，その仕方に注意を集中させることになるのである．Intransitive とされた「特有の」という語は，何事も特定化しないのでなく，その匂いや仕方に備わる，言葉で表せない何か——つまりまさにそれ自身——を指示し，それを特定しているように思える．つまり「特有の」は，外部の比較対象と結びつけることによってでなく，「この」という表現によって反射的（reflexive）に自らを特定化し比較対象とするものであり，それゆえそれは intransitive

でなく，むしろtransitiveな用法の特殊な限界事例なのだ，と考えたくなるのである (cf. BB p.160)．

ではその何かとは何だろうか．つまりそれが十分な記述を持たず，ただ「特有のこれ」として自らを強調しかできない何かだとして，それは果たして何かとしての同一性をもちうるのか．それを言葉で記述できないなら，少なくともその体験に直示的に名前を与えることはできるのか．ヴィトゲンシュタインは，こういった問題を考える際に哲学的困惑が生じると考える．「言葉で言えないこれ」に関する問題は——これは一面で，後の私的言語論につながるテーマである——ヴィトゲンシュタインの心理学の哲学で論じられる体験的諸事例に様々に関係してくる．言葉で表せない（「これ」としてのみ同定される）特有の体験内容が在ると考え，その何かにこだわる場面が哲学問題の温床なのである．

### 4.2 語れないものを語る試み——間接的記述

言葉に表しがたい「特有の（特定の，独特の）」何かを捉えようとする試みは，様々な場面で現れうる．『茶色本』からは，そういった試みや，それに伴う困難について述べた部分を幾つか拾い出すことができる．まずそれらに目を通し，その都度コメントを付ける作業をしたい．

### ❶特有の表情（16節）

ヴィトゲンシュタインは，或る素朴なイラストの顔にある「特有の表情 (particular expression)」を話題にする (BB p.162)[18]．その絵には，平凡だが「特有の表情」がある．だが顔の表情を言語化することは難しい．この顔の「特有の表情」と言うとき，それは何を表しているのだろうか．ヴィトゲンシュタインは，次のような記述を考えている：「それは自己満足のビジネスマンのように見える．彼は愚かにも偉ぶって，デブなのに女性にモテると思っている．」

これが仮に記述——つまり対象がいかにあるかを語る表現——だとすると，その正しさはどう確かめられるのかという問いが生じる．アウグスチヌス的言語観の下では，記述は，現実との何らかの対応関係を要求し，その関係が成り立っているときに真となる．しかし上の記述はそういった対応関係を満たすようには思えない（例えば「自己満足のビジネスマン」という表現は，経験される絵の何に対応しているのか）．するとそれは，よく見積もって「特有の表情」を言い表そうとする試みに過ぎず，本来の記述とは言えまい．この表情は「言葉では正確に表せない」のである．それゆえヴィトゲン

シュタインはここで，それを「表情の近似的記述 (approximate description)」と呼ぶ．

だが「特有の表情」が表すものが，精々近似的記述しか望めない言語化困難な対象なら，それは言語に頼らずにいかにして認識できるのか．これに対し人は，その絵を見つめ，表情に狙いを定め，「これ」と名指すことで，顔からその特有のものを抽出し認識しているのだ，と答えることになる．すると今度は次のことが問題になるだろう：そのような心的行為によって，我々はその印象を特有のものとして正しく取り出しているのか．それを正しく判断するための範型 (mould) ないし基準が心の中に在ったりするのだろうか[19]．

## ❷音楽的思想 (17, 22節)

絵の表情の記述としては，対象との対応に疑問が残る「近似的記述」が確認されるだけであった．表情のトピックは，音楽体験に関する議論ともつなげられる．イラストに劣らず，我々はしばしば，音楽も何かを表していると感じる．ここで，音楽が表現する「何か」があるとすれば，それは一体であると考えるべきだろうか．

音楽が表現し，伝えるのは，様々な感情——喜び，憂鬱，勝利の感情など——だという考えがある．ヴィトゲンシュタインは，音楽を音楽以外のもので説明する此の種の考え（音楽を何かの伝達手段とする考え）に断固反対する (BB p.178)[20]．もし或る音楽作品が伝えるのが喜びの感情だとすると，同じ喜びを詩や絵画が呼び起こせるなら，その音楽が伝えることは，言葉や絵でも同様に伝えられることになろう．また感情に限らず，もし音楽が伝えることが言葉や絵また他の方法で表せることなら，それらを理解するとき，音楽を聴かずしてその音楽の意味を理解できることになろう．しかし音楽は「言葉や絵で表現しうる何かを語るのではない (BB p.166，傍点追加)．」では音楽が語る「何か」——その音楽的「思想」(musical thought)，あるいは音楽的内容——とは何で，それはどこにあるのか．音楽が語るものは，音楽にしか見出しえないものである．それは，他に置換・翻訳できない仕方で，音楽の中にある「これ」——音楽そのもの——である．音楽が語る何かは，他の何ものにも置き換えられず，「それ自ら (itself) を伝える (BB p.178)」のである．

他方，音楽を理解したと思うとき，人は音楽が表すことを言葉で様々に語ろうとする．しかし音楽が伝えることは本来，音楽にしか「語れ」ないとすれば，それらの言語による説明は，表情の「近似的記述」に比すべきものだろう．例えば音楽は，その弾き方を解説することができる：「これを弾くと

きには［……］この特有の仕方で弾くのだ．ここはクレシェンド，そこはディミヌエンド，ここは休止，等を付けながら（BB p.166）．」その特有の弾き方を比喩によって「正当化」することもある：「テーマのこの時点には，いわばコロンがある」，「ここは前の部分へのいわば応答である」．「弾くべきテンポはこうだ」と言って，口笛で実演することもあるかもしれない．

　だがこうした理解が近似的にさえ正しいことは，いかなる基準・範型によって保証できるのか，という疑問が生じないだろうか．ヴィトゲンシュタインが括弧を付けて指摘するように，こういった語りの試みが，美学において音楽の理解の「説明」「正当化」（BB p.166）とされているかもしれない．しかし音楽の伝えることが本当は音楽以外で説明できないなら，音楽以外のもの——とりわけ言語——に依存する程度において，そういった美学的な説明や正当化は，「近似的説明」「近似的正当化」と呼ばれるべきでないか．そしてそれらはどこまで正しい理解に近似しているのか，その基準は何か，という疑問も招かれるだろう．

### ❸馴染みの経験（24節）

　ヴィトゲンシュタインが度々取り上げる心的体験の一つに，「馴染みの感じ（feeling of familiarity）」と呼ばれる感覚の体験もある．それは馴染みの言葉・物・人等と対峙したとき，特有の感じ（particular feeling）を受ける体験である[21]．ただしヴィトゲンシュタインが言うように，この感覚は全ての馴染みの対象に常に感じられるとは限らないし，また対象によって馴染みの感じも違いうる．同じ対象でも見る度に同じ感じがするとも限らない．「特有」とは言っても，そこには多くの異なる体験がありうるのである[22]．

　以下は，馴染みの諸体験の中から，ヴィトゲンシュタイン自身が示す記述例である：「誰かが私の部屋に入ってくる．私は彼に長く会っていなかったし，彼が来るとも思っていなかった．私は彼を見て「ああ君か」と言う，または感じる（BB p.181）．」これは，馴染みの感覚を人に対して感じる場合だが，ここでこの「記述」に対し，次の趣旨の反論が想定されている．それは，感覚を記述すべきところでなぜ（外的な）状況を持ち出すのか，という反論である．馴染みの感じを捉えたいなら，体験の中にある「特有の何か」——意識に感じる「これ」——を説明すべきでないか．それをしないものは，感覚の記述とは言えないだろう．

　ヴィトゲンシュタインはテーブルを例に，記述には二種類——(a) 直接的記述と(b) 間接的記述——があると返答する．(a) 直接的記述はテーブルを形，寸法，素材，色などに分け，言葉に写すもので，全てを合わせればテー

ブルが再構成できる．これはアウグスチヌス的言語観の下で，典型的記述として考えられるものだろう．他方，(b) 間接的記述はこういうものである：「それは小さく，がたつきがあるテーブルで，ムーア風装飾が施されていた．喫煙道具に使われる類のものだ．」これは正確な形・寸法などには言及せず，厳密さを目指す文ではない．それはイメージを喚起することでテーブルを伝えるもので，小説的な記述文と言えようものである．

　ヴィトゲンシュタインが与えようとしている教訓は，記述は (a) のタイプが常に望まれるわけでなく，異なる記述が適切な場面もあるというものだろう．家具に限らず，感覚の記述でも同様であり，もし感覚と言葉の間に像関係がない記述は感覚の記述でないと反論する人があれば，彼は，記述をアウグスチヌス的言語観でしか考えていない．テーブルに間接的記述があるように，感覚の記述についても，直接的記述だけを記述と考える必要はないのである．

　だがこれだけでは，次のような二つの疑問を招くと思われる．(1)先に登場した，状況を交えた記述が「馴染みの感じ」の正当な間接的記述だとすると，その直接的記述に相当するものは，どういう記述だろうか[23]．そのような記述は果たして在るのだろうか．(2)直接的記述に対し，間接的記述の存在を指摘するだけでは，アウグスチヌス的言語観の根本的批判にはならないのでないか．それはアウグスチヌス的記述に対し，他の記述を常に従属的に加えるだけだからであり，それゆえ後者の記述は――「近似的記述」同様――完全な記述でないという含みを常に背負うからである．ヴィトゲンシュタインはそれをよしとするだろうか．

### 4.3　アウグスチヌス的記述 vs 表出的記述（25節）

　『茶色本』第二部の最終節では，上記の諸疑問を解消する後期ヴィトゲンシュタイン哲学の重要な方向性が，かなり明確に示される[24]．

　最終節でヴィトゲンシュタインは，「過去性の特殊な感覚 (peculiar feeling of pastness)」「昔の感じ (feeling of "long, long ago")」の体験を取り上げる．何かを見聞きするとき，体験は現在生じているのに，それが過去性を帯びて感じられることがある．例えば昔を思い出すとき，いま浮かぶそのイメージには過去感が漂っていたりする．（または次のような体験を考えてもいいだろう：遺跡を見るとき――古さを知っているだけでなく――それに過去性を感じることがある（逆に道端の小石は遺跡よりはるかに昔の生成物の破片であると知識として知っていても，普通それに昔を感じることはない）．またセピア調の写真は新しいものでも，しばしばノスタルジアを感じさせる．）

　過去性の体験を，ヴィトゲンシュタインは彼自身の具体的事例で表そうとする．

　　これは「昔，昔」の感じだ，と言うことで私が粗く記述する感じの，一つの特定の例を検討しよう．これらの言葉およびそれを言う際の口調は，過去性の表示 (gesture) である．私は，それは或る調べ（ダヴィッド同盟舞曲集の「遠くからのように (Wie aus weiter Ferne)」）に対応するものだと言うことで，私が意味する体験をさらに特定化する．私はこの調べは正しい表現で演奏されており，例えばレコードに録音されているのだと想像している．するとこれが，私が想像できる，過去性の感じの最も入念で精確な表現である (BB p.184)[25].

つまり過去性を感じるとき，人は「昔を感じる」といった言葉を，或る状況で，或る対象について，或る声音や身振り——例えば遠くを見るような眼差しや，夢見るような抑揚——とともに言ったりするのである．この説明によって過去性の感じが伝わるとして，ヴィトゲンシュタインはここで次のことを問いかける：過去性の体験はこれらの言語的また行動的な表出から分離できるか，その体験はこれらの表出と独立に取り出せるものなのか．ヴィトゲンシュタインの返答はこうである：「私は，我々の体験の表出 (expression) を，体験の場所に置くように提案したい (BB p.184，傍点追加)」．
　一体これはどういうことか．仮に，まず過去感——「もやもやした何か (amorphous something)」——が心の中に起こり，それが原因で様々な表出が引き起こされるのだと仮定してみよう．この仮定に従えば，それらの表出によってこの感覚が伝えられるなら，その伝え方は因果関係（という偶然的な随伴関係）を介した間接的なものとなるだろう．ヴィトゲンシュタインはこれを色の伝達 (transmission, communication) に譬えて説明する．ある色を，「硫酸を銅に反応させて作る色」として人に伝える場合，それは意図された色を，それを生む原因を示すことで伝える間接的伝達である．他方，色そのものを直示して伝えることもできるのであり，それは色の直接的伝達である．さて，仮に過去感をその表出で伝える方法が間接的伝達だとすると[26]，感覚の直接的伝達はどういうものになるか．というのも感覚を直示して見せることはできないだろうからだ．その種の直接的伝達がないなら，表出を用いた伝え方が間接的だとは言えなくなろう．なぜなら「間接的」という語は，「直接的」との対比で意味を成すからだ．すると引き出すべき結論は，感覚の場合，表出による伝え方こそがその第一の（直接的）伝達だ，という

ことになろう．要するに，体験の表出を体験の場所に置くというヴィトゲンシュタインの提案は，心理的体験はその表出において規定されると考えるべき，という提案であった．体験の表出と体験は分離できず，一緒の場所にある．それらは一体である．かくかくの表出が一定の文脈で現れることが，即ちこの体験が何であるか，それが生起しているかどうか，を定める文法規定なのである．

　表出 (expression; Ausdruck, Äußerung) とは，ヴィトゲンシュタインの心理学の哲学で重要な役割を担う或る種の自然的反応の概念である．例えば痛みの表出があるが，それは怪我をしたときの叫び声という原初的表出であったり，「痛い！」「私は痛む」といった言語的表出であったりする．重要なのは，それは（一定の文脈を伴いつつ）無根拠に現れ出る自発的反応で，客観的根拠による正当化や検証を待つべきものでなく，それ自体が痛みの言語ゲームの規範的岩盤をなすものだということだ[27]．痛み概念は，この種の表出——及びそれを囲む状況——を拠点に構成されるものである．ヴィトゲンシュタインは「痛み」を説明する際，プライベートな「これ」でなく，観察可能な表出を概念の基盤とすることで，視点の転換を図ったのだった．

　同種の考えが『茶色本』の最終部にもある[28]．この考えに従うなら，既に検討した事例にも見方の再編が起こるはずだ．表情の記述は表情の体験の表出であり，それは「これ」としか指し示せないものの近似的記述というより，それこそが「特有の表情」を明らかにする第一の記述である．アウグスチヌス的記述との違いを強調するため，我々はそれを「表出的記述」と呼んでもよいだろう．それはあることを事実として語り，そしてその語りによって，語られたことを世界にもたらす言語使用である．音楽について語られることも，アウグスチヌス的モデルを理想に考えられる，言葉で表せない何かに関する「近似的記述」でなく，それ自体が音楽理解を構成する「表出的記述」だと言えるだろう．馴染みの感じの場合も，同様である[29]．

　関連して「表せない何か」についても，述べるべきことがある．（a）アウグスチヌス的言語観では，言語的記述は現実を写像する．ある体験がそれ以上分析できず記述困難なとき，少なくとも「表せない何か——これ！——がある」と言うことは，この言語観での限界的な記述と見なされるだろう．そしてこの言明は，言語化不能な何かが在ることによって正当化されていると考えられるだろう（その何かを言明から独立に示せない限り，言明はそれによって正当化されたとは言えないにも拘わらず！）．（b）それに対して表出的言語使用を認めるヴィトゲンシュタイン的立場では，（それ自体は対応物による正当化を必要としない）体験の表出によって，体験が体験として定め

られる．表出がある限りで体験が構成されるならば，「この体験には，言葉に表せない何か（表出できない何か）がある」という考えは，結局どうなるのか．それは背理的となるため，意味をなさないのか．次のように答えることができるだろう．つまり表出的考えの下でも，「表せない何かがある」という表現を認めることは可能だろう，と．なぜならそれもまた，体験の一つの表出でありうるからである．もしそう捉えるなら，例えば音楽の場合その説明に多くの言葉を尽くす一方，音楽にはそういった言葉で語りきれない何かがある，と同時に言うことに矛盾はない．音楽の真髄は言葉に置き換えがたいという感覚は，音楽理解・音楽体験の一面としてヴィトゲンシュタイン自身が抱き続けた感覚だろう（cf. LC p.37）．だが「音楽には，言葉で語れない何かがある」という語りが通用するとすれば，それは，それが語れない「これ」によってアウグスチヌス的に正当化されるからでなく，それが無根拠の表出として受け入れられるからである．我々がここで為すべきは，「語れない何か」（およびそれに類する諸表現）についての「文法の違い」を認識することである．「表せない何か」は，アウグスチヌス的言語観でなく，表出的観点に転換して理解すべきなのである．「言葉では表せない」という表出は，他の諸々の表出と絡みつつ，人間生活の文化的状況の中で，音楽特有の理解の一部を作るものである．

## 5 意味概念の多様性

### 5.1 語の使用の成長（3, 4節他）

ヴィトゲンシュタインは以上の一連の考察を通し，「只一つの本当の記述がある（cf. BB p.181）」という考え──『論考』的な記述の考え──を否定したのである．心理的体験の記述は表出的である．しかしそれは体験の劣った記述なのでなく，まさにそれが体験の第一（primary）の記述である．それによってその体験がいかなるものであるかが定まるからである．この見方は我々を，アウグスチヌス的な記述の考えから解放するだろう．

しかしここで次の疑問が生じるかもしれない．なぜそもそも表出的な体験の語りを，「記述」と呼べるのだろうか．表出的な記述は，現実との対応や記述の正当化等の点でアウグスチヌス的言語観における記述とは明らかに異なる．それほど異なるものを，なぜ同じ語で呼ぶのだろうか．

『茶色本』第二部の前半部に，問題の根本に触れる考察がある．そこでは，「緊張」という語の二つの使い方が問題にされる．つまり精神的緊張と肉体的緊張という状態を，なぜ両方「緊張」と呼ぶのか．対象によっては，

共通性ないし類似性が前もって見いだされ，それを根拠に，それらに同じ言葉を適用する場合もある．しかし二つの緊張の場合，どうすれば両者から共通性を抽出できるだろうか．一方には筋肉の緊張があるが，他方の緊張はそれとは違う．共通性はどこに見いだせるだろうか．ヴィトゲンシュタインはそのような共通性を探す代わりに，まさに我々が同じ言葉を適用したくなる事実に，両者の共通性が構成されている（BB p.130），と見なす方向を示唆している．

　「暗い」「明るい」の語に関しても同様であり，「この母音は暗い感じがする」「母音oはuより明るい」という使い方があるが，これは明暗という元は視覚的な概念を，その適用カテゴリーを逸脱し，聴覚刺激である音声に対しても使うことである．なぜ音声に明暗の言葉を使うのだろうか．そのような使用をする人でも，母音には文字通り明暗があるとは言わないはずだ．だがそのような使用の理由を尋ねられても答えるのは難しく，おそらく「我々はただ音の間の関係と色の明暗に，或る類似性を感じるだけだ（BB p.148）」としか答えられまい．そしてその類似性の感じは，指示可能な何かで説明できるものでなく，まさに明暗概念を母音に適用したくなるというその言語的振舞に表出され，それによって構成されているのである．このような一見，超規則的な言語的現象は実は稀とは決して言えず，我々が「深い井戸」だけでなく「深い悲しみ」「深い音」において，本来は空間的概念である「深い」を使う事実も同じである．これらが共有する深さの共通性質を示すことはできないが，「深い」の使用はこれらの多様性を包む形に自然に成長するという言語使用の事実がある[30]．

　以上を鑑みると，異なる記述が同じ語で表されることを怪しむ考えは和らぐだろう．一方で，アウグスチヌス的記述と表出的記述の間には指摘できる類似性は存在する．例えばそれらは両方，対象がどんなものかを伝えるという共通項を持つ．またそれらが事実を伝えるものなら，それらの記述は両方，真偽が問題になるだろう．他方，その事実の伝え方が根本的に違うとすれば，二つの類似関係はむしろ「深い井戸」と「深い悲しみ」の関係に似てきそうである．だがここでは，二つの記述の類似関係についてこれ以上分析することはできない．重要なのは概念の多様性であり，記述概念は一様でなく（cf. PI §24），類似性による家族を作るということである（そしてその類似概念自体も一様でない（BB p.133））．事実との対応を持つ記述が原初的な記述だとしても，その概念は拡張し，言語ゲームによっては表出的なタイプのものが第一義的記述となるのである．

## 5.2 意味体験の理解

　以上の考察が意味体験の理解，また言語の理解にいかに反映されるかを確認することで，稿を締め括ることにする.

　第一に言うべきは，アウグスチヌス的言語観にとどまる限り，意味体験は意味の領域から追放されるほかない概念だということである. それは，表出的な言語使用を認めることで初めて言語に位置付けうる体験である. 言語習得者としての我々は語に漂う意味の雰囲気をときに感じるが，それが具体的に何であるかと問われても説明は難しい. それは「もやもやした」もので，特有の体験内容などないように思われる. しかしいったん言葉を得た我々は，それを「表しがたい何か」のままに止めたりはしない. 言葉を習得することは，「語には顔付きがあり，それは意味の似姿のように感じる (cf. PI p.218g/PPF §294)」，「私が理解している単語には，その理解に対応する特有の香りが微かにする (cf. RPP1 §243)」といった体験の記述もできるようになることである. これらは皆アウグスチヌス的言語観では「表せない何か」をめぐる表出であり，それらおよびそれらに伴う振舞いや状況が絡まりあって我々の言語実践に生じてくる概念が，意味体験の概念である.

　第二に，或る箇所で使われた言葉は，そこに意味体験があるが故，全体の意味を変えることなしに他の言葉と置き換えられないことがある. これは，文法規約上は代替可能であるにもかかわらず，語の雰囲気が違うためにその場面での代替が許されないケースである[31]. その場合，文や文章は——代替ができない程度において——与えられた言葉のまま，その意味の雰囲気の中で理解されねばならない.

　ヴィトゲンシュタインは『文法』以来，言葉の理解を度々音楽理解に譬えている (PG p.41, BB p.167他). これは，言語理解は音楽理解と常に同じだという意味ではない. 図式的に言うと，例えば文の理解について，「理解」という語には二つの使い方がある (PI §531)[32]. (a) 一方は (アウグスチヌス的記述文を含めた) 通常の多くの文の理解である. それを理解しているかどうかは一般的に，それが言わんとすることを別の言葉で言い換えたりすることで確認されるだろう. しかし (b) このような確認が当て嵌まらない言語理解がある. ヴィトゲンシュタインが音楽理解に譬えるのは，その種の言語理解である. そこでは理解は——置き換え可能な他の文を外に探すのでなく——当該の文それ自身に目を向けることを要請する. 「文を理解するとは，その内容を捉えることだ；そして文の内容は，その文の中にあるのだ (BB p.167).」このような理解が生じる言葉の代表として，ヴィトゲンシュタイ

ンは詩を考えている．その種の言語理解には，音楽理解について彼が述べるのと似たことを当て嵌めることができる．例えば，詩の理解は，適切な表情や身振りでそれが朗読される仕方に敏感に反応したり，望ましい朗読の手本を見せたりすることに現れるだろう (cf. LC pp.4-5, Z §171)．また詩の理解は，パラフレーズでない仕方でそれについて「語る」ことで表されることもあろう[33]．このような代替的でない理解の次元が言葉にあることが，ヴィトゲンシュタインが言語理解を音楽理解に譬える所以である．そのような理解は，言葉が持つ多くの結びつきに馴染み，それが喚起する関係の中で言葉に向き合えるようになることで生じてくるものと思われる．

　理解が二種類あることは，二つの「理解」が同音異義語であることではない．『探究』には，異なる理解について，以下のような短い記述がある：

　　すると「理解する」はここで二つの異なる意味があるというのか．──私はむしろこう言いたい．「理解する」のこれらの使用法がその語の意味を作り，私の理解概念を作るのだと．というのも私は，これらすべてに「理解する」を適用したいからだ (PI §532)．

そして理解にこのような二種類があることは，理解される意味にも，（図式的に言って）二種類があることになろう．つまりそれらは，言い換えによって説明しうる意味と，雰囲気を湛えているが故，言い換えできない意味である．そして二種類の理解が一体となって理解概念を作るのと同様（あるいは異なる記述が一体となって記述概念を作るのと同様），二種類の意味も一体となって意味概念を作る．本稿の前半で，言葉に掛かる意味の「靄」は，言葉の理解を曇らせるのか，との問いがあった．この問いに対し，最後に次のように回答することができる：意味体験は靄のような現象である．しかしそれは我々の言語使用から自然に生じるもので，それ自体が否定されるべきものではない．むしろ我々がそれを──他の心的諸体験と共に──言語実践の原初的現実として受け入れ，その正しい文法理解を得ることによって，それは逆にアウグスチヌス的言語観が齎す「一面的食餌」の悪しき靄──その体験を独立の何かに根拠づけようとする傾向や，それができないためにその体験を否定する傾向──を追い払う．

## 6 結語

　本稿の内容はアスペクト体験とも関連するものだが，本稿では，『茶色本』でも触れられるこの体験を十分に扱う余裕はなかった．しかしアスペクト体

験も表出的言語使用に関わる点で類似的であるため，欠落に大きな支障はないと思われる．ただしアスペクト体験と意味体験の連関，アスペクト体験の独自の意義，等について，改めて考えるべき課題はある．

　フォン・ウリクトたちは，『探究』旧第一部と第二部の間に断絶を感じたかもしれない．しかしTS 234の「心理学の哲学」に登場する心理的諸体験への関心自体は，第一部完成後になって新しく生じたものでなく，すでに『文法』で開始されている．その関心はそれ以降，意味とは何かの問題と一体になってヴィトゲンシュタインの後期哲学を動かし続けたもので，『茶色本』第二部でも詳しく検討されている．心的体験を，意味や理解を正当化するものとして持ち出す考えには，ヴィトゲンシュタインは一貫して批判的であったはずである．他方彼は，心的体験で体験される何かついて語ること自体を否定したのではない．心的諸体験を語る文は，独立の「特有の感じ」——これ！——を写すという『論考』的文法によって理解すべきでものでなく，表出の文法によって理解すべきものである．本稿で考察した心理的諸体験と関連する内容は『探究』第一部の後半にも再び散見されるが，それらの扱いは——『茶色本』第二部の内容を考えると（しかもそのドイツ語訳のタイトルが『哲学探究』だったことも考えると）——『探究』旧第一部の後半だけで十分だとは思えない．もし『探究』が後期ヴィトゲンシュタインの思索の集大成的アルバムを目標とするもので，その眼目が『論考』的言語観からの脱却なら，それを完遂するには，哲学復帰以降，彼が進めてきた心的諸体験に関する考察が『探究』により多く組み込まれる必要があるだろう．その素材は未完成であるにせよ，『探究』以前の関心を引き継ぎつつ，『探究』旧第二部に多く見つかるように思われる[34].

　現行の『探究』とTS 234の間には，制作時期の違いや書類証拠の観点からはギャップがあっても，思想的には分断はなく，連続性を持っている．その連続性は『探究』以前からのテキストの流れを見れば明らかだろう．心理学的概念をめぐって展開するTS 234を，言葉の意味やその理解と結びついた考察として，何らかの形で『探究』に組み入れることなしに，『探究』は哲学復帰以降のヴィトゲンシュタインの思索のアルバムを名乗ることはできないように思われる．ビブリオテーク・ズールカンプ・シリーズの『探究』ではTS 234は完全に削除されているが，旧第一部のみとなった『探究』には，完結さよりむしろ，30年代よりヴィトゲンシュタイン哲学にあった，アウグスチヌス的言語観では捉えられない心理的体験への重要な関心が不十分にしか登場しないため，不完全な印象を強く受ける．だが旧第二部が権威ある編集によって既に切り離されてしまった以上，次のように考えることを提

案したい．つまり旧第二部の切断は，それが「新たな出発」であるからというのでなく，旧第一部との関連を一から考え直すための方法論的な切断である，と．（フォン・ウリクトも，二つが著者によって統合されるはずだったという可能性を完全に否定しているのではない (von Wright 1982: 136; 1992: 187-8)．分離の最大の根拠は，あくまで証拠書類の欠如という消極的理由にすぎない．）旧第一部と第二部の哲学的つながりを改めて明確にするためにも，ブラックウェル版のように，それが一冊の本に付録的に残されている意義は大きいと思われる．

（本稿は，日本科学哲学会（第53回大会 (2020.10)）でのオンライン発表，ウィトゲンシュタイン研究会（第70回 (2021.1)）でのオンライン発表，発表時の質疑，さらにとりわけ本誌の匿名の査読者のコメント (2020.12) により，明確にできた部分が多くある．謝意を表したい．）

## 注

1. 『探究』第4版で新編者が公式に示す旧第二部の切り離しの理由は，ヴィトゲンシュタインの意思を示す「文書の証拠がない」というものである (Hacker and Schulte 2009: xxii)．Erbacher (2020) も，遺稿編集をめぐる複雑な経緯についての中立的かつコンパクトな解説の中で，『探究』第4版での旧第二部の排除の理由として，書類証拠のなさだけに言及している (p.4, p.45).
2. グロックは，「『探究』第一部後の原稿はヴィトゲンシュタイン哲学の異なる発展段階を成すように見えるかもしれないが，それは第一部と大きく矛盾するというより，それを補完し，それを（アスペクト体験などの）新しい領域へ拡張するものだ」という趣旨のことも言っており (Glock 1996: 27)，第二部が断絶なのか連続なのかについて，曖昧さを残している．
3. 「第三のヴィトゲンシュタイン」という見方を提唱するモイアル-シャロックも，フォン・ウリクト，ハッカーに同意する．Cf. Moyal-Sharrock 2016: 1-3.
4. 『断片』各節のソースは Maury (1981) を参照.
5. Knot (2017) は旧第二部の切断に真っ向から異議を唱えている．
6. 意味体験等の心理的諸体験を扱う示唆的な研究例として，初期の研究である Tilghman (1984) や，より近年の ter Hark (1990, 2010, 2011)，またヴィトゲンシュタインに対する W. ジェイムズの影響を扱う Goodman (2002) 等がある．本稿の試み——『茶色本』を軸に心理的体験の表出的記述の観点からヴィトゲンシュタイン哲学の連続性を指摘しようとする試み——はそれらの諸研究と提携しうるものである．
7. 意味体験（および二次的意味）に関しては，かつて丸田 (2007) で自らの基本的考えを述べている．

8. 『探究』旧第二部は，ブラックウェル版第2版と第4版の両方で典拠を示す．PPFは第4版の旧第二部を指す．

9. 確認の為に言えば『文法』は，1933年夏に作成されたとされる原稿TS213（通称『ビッグタイプスクリプト』）にヴィトゲンシュタインによる改訂の試みを反映させつつ，リーズが編集した書である．

10. Pichler (2018) は，ヴィトゲンシュタインの言語哲学が，1930年代初頭の「計算体系的アプローチ」から後期の「人類学的アプローチ」へと直線的に進んだという通説を批判し，二つのアプローチは1930年代から多声的 (polyphonic) に共存していたとする．この見方は，意味体験への疑念と理解が共存しながらヴィトゲンシュタインの思考は展開するという我々の見通しと親和的である．

11. もし『文法』で意味体験は考察から端的に追放されたのだと考えるなら──その結果，『探究』は規則順守の観点からのみ意味を捉えるのだと考えるなら──，追放されたはずの意味体験が『探究』旧第二部で目立って再登場するのを見るとき，違和感を感じるだろう．フォン・ウリクトが『探究』第一部と第二部のギャップについて最初に語ったのは1970年代後半であるが，当時（80年代のクリプキの解釈を含め）規則順守の観点からヴィトゲンシュタイン後期哲学を理解することが標準的理解であったとすれば，ギャップの印象はその理解から生じた可能性が高いだろう．（因みに近年は，Grève and Mácha eds. (2016) のような，言語の創造性という非規則順守的な観点からヴィトゲンシュタイン哲学全体を見直そうとする論集もあり，解釈状況に変化がある．）

12. 晩年のヴィトゲンシュタインの中に意味体験に懐疑的に見える所見があっても (e.g. RPP1 §202)，それは最終判断というより，問題をあらゆる角度から見るための探索的なものとして読むことができる．

13. ただし意味体験を扱うには，明確な規則で言語使用を考えようとする観点では，うまくいかないだろう．『青色本』に示唆される，日常言語の柔軟性を織り込んだ方向性を採ることになろう：「実際は，我々は言葉を［厳格な規則に従う］計算体系として使うことは滅多にない (BB p.25)．」

14. この趣旨の理由をヴィトゲンシュタインはムアに手紙（1936年11月20日付）で説明している (McGuinness and von Wright eds. 1995: 283)．

15. モンク (1994: 391) を参照．他方，『青色本』と並び『茶色本』は（アルバム形式でない）叙述的なスタイルで書かれているため読みやすい，という側面もあろう．

16. 類語 ("peculiar"; "charakteristisch", "bestimmt", "besonders" 等々）にも，同じことが当て嵌まる．

17. この区別については Budd (2008: 273-4) や ter Hark (2010) による解説がある（前者よる概観が簡潔である）．また transitive/intransitive の区別に触れないものの，それに関連して "particular" が生み出す問題に言及する日本語の論文として菅崎 (2016) がある．

18. Cf. PG 169.

19. （特有の体験に対する）「心の中の基準」という考えの検討は，『探究』の「私的言語論」へつながる．この考えは『茶色本』第二部でも疑問視されているが，本稿ではこの問題は脇に置き，特有の体験の「近似的記述」の文法的身分に着目したい．

20. ヴィトゲンシュタインの音楽理解を解説する論攷として，Budd (2008) の第13章——特に本稿との関連では§§6-12——を挙げることができる．

21. 言葉を対象とする場合，この体験は意味体験へ通じている．

22. 『茶色本』第二部は，この馴染みの体験から開始される．この体験の多様性は『文法』でも指摘されている (PG p.166, p.174).

23. ヴィトゲンシュタインは，感覚の段階・変化の細かい描写を与えることはできるとは言うが，それはやはりテーブルの直接的描写とは異なる種類のものになるだろう．

24. ただしこの方向性がここで初めて登場するというわけではない．ヴィトゲンシュタインの考えは直線的には進まない．

25. Budd (2008) はヴィトゲンシュタインが "gesture (Geste, Gebärde)" をしばしば "expression" と交換可能な仕方で（類語的に）使っていると指摘している (pp.265-6). その指摘は，この引用内での "gesture" にも当てはまる．

26. 精確に言えば，ここで考えられている色の間接的伝達は，「原因により結果を伝える」ものである．それに対し，もし表出による過去感の伝達が間接的だとすれば，それは表出を過去感の結果と考え，「結果により原因を伝える」ものと捉えられることになる．しかし「何により何を伝える」かの（因果系列での方向の）違いは，ここでのポイント（伝達の間接性）に影響を与えない．

27. ただし不誠実や（言語的表出の場合は）言語習得の未熟などが疑われるとき，表出は当該の言語ゲームの岩盤として承認されないだろう．

28. 注24でも触れたが，この考えはこの箇所で明瞭だということであって，ここが初出ということではない．例えば『茶色本』第二部の4節にもその暗示がある (BB p.137). 従来的記述に対し表出を対照させる考えは，『文法』でも予示されている：「表出であって記述でない！ (PG p.152)」付言するなら，感覚の言語的表出はどう学習されるかの問題は，『茶色本』では考えられていない．『探究』第一部では，言語的表出は非言語的な振舞いの延長であるという説明が（一つの可能性として）現れるが (PI §244)，旧第二部では，或る種の体験の表出は最初から言語的でありうる (PI p.218b/PPF §289) という発想が見える．

29. ヴィトゲンシュタインが表出概念を記述概念と対立させること (cf. PG p.152, PI §244) を考えると，「表出的記述」という言い方には違和感が伴いうる．だが他方，ヴィトゲンシュタインは記述の多様性を指摘する際，記述の範疇に彼が（心的体験の）表出と呼ぶだろうものを含めている (PI §24). つまり「記述vs表出」という対比以外に，記述の中に「アウグスチヌス的記述vs表出的記述」という対比を設けることで，異なる言語使用を区別する方法がある（重要なのは区別を見逃さないことである）．

30. この問題は1939年の講義でも扱われている (Munz and Ritter eds. 2017: 99 ff.).
またこのテーマは,『探究』旧第二部での二次的意味の考察に直結するもので
ある.
31. より正確には,そのような言葉には (a) 言い換え可能な意味層に加えて, (b)
それを許さない意味層があると言うべきだろう. 簡単な例として「古池や蛙飛
び込む水の音」で,「かわず」を「かえる」に置き換えることを考えるといい.
32.『文法』にはやや異なる形で二種類の理解への言及がある (PG p.49).
33. 例えば若きヴィトゲンシュタインが,「語れないものが, 語られたことの中
に, 語りがたく含まれている (Engelmann 1967: 7)」と言うことで, ウーラン
トの詩に理解を示しているように (本稿の観点からは, このような言葉は, 表
出的な語りだと見なすことができる).
34. 例えば『探究』旧第二部でアスペクトの記述が体験の「間接的記述」である
か否かが問題になっているが (PI p.193g/PPF §117), これは本稿で見た『茶色
本』での議論の延長である. 他方,『探究』旧第二部には, 表出的記述はプリ
ミティブな (非言語的) 反応の置き換えである必要はないという考え (PI
p.218b/PPF §289), (心的な事柄の告白等の) 表出的記述の真偽は「正直さ
(Wahrhaftigkeit)」という特別の基準で判断されるという考え (PI p.222f,g/PPF
§§319-20), 心的状態 (そこには正直さも関わりうる) の証拠は数値化できない
(unwägbar) という考え (PI p.228b-d/PPF §§358-60),「二次的意味」という用語
の導入, などがあるが, これらは『茶色本』以降のある時期からの新しい——
そしてそれまでの思考と連続的な——進展を示すのでないか.

## 文献

Budd, Malcolm (2008) *Aesthetic Essays*, Oxford University Press.
Engelmann, Paul (1967) *Letters from Ludwig Wittgenstein: with a Memoir*, Blackwell.
Erbacher, Christian (2020) *Wittgenstein's Heirs and Editors*, Cambridge University Press.
Glock, Hans-Johann (1996) *A Wittgenstein Dictionary*, Blackwell.
Goodman, Russell B. (2002) *Wittgenstein and William James*, Cambridge University Press. (『ウィトゲンシュタインとウィリアム・ジェイムズ』嘉指信雄・岡本由紀子・大厩諒・乗立雄輝訳, 岩波書店, 2017.)
Grève, Sebastian Sunday and Jakub Mácha eds. (2016) *Wittgenstein and the Creativity of Language*, Palgrave Macmillan.
Hacker, P. M. S. (1996) *Wittgenstein: Mind and Will*, Blackwell.
Hacker, P. M. S. and Joachim Schulte (2009) "The Text of the *Philosophische Untersuchungen*", in L. Wittgenstein, *Philosophical Investigations*, 4th ed, Blackwell, pp.xviii-xxiii.
Hark, Michel ter (1990) *Beyond the Inner and the Outer: Wittgenstein's Philosophy of*

*Psychology*, Kluwer Academic Publishers.

———— (2010) "The Philosophical Relevance of Wittgenstein's Discussion of Experiences of Meaning", *Papers of the 33rd International Wittgenstein Symposium*, Vol. XVIII, pp.119-21.

———— (2011) "Wittgenstein on the Experience of Meaning and Secondary Use", in Oskari Kuusela and Marie McGinn eds., *The Oxford Handbook of Wittgenstein*, Oxford University Press, pp.499-520.

Knot, Hugh A. (2017) "On Reinstating 'Part I' and 'Part II' to Wittgenstein's *Philosophical Investigations*", *Philosophical Investigations*, 40, pp.329-349.

Maury, André (1981) "Sources of Remarks in Wittgenstein's *Zettel*", *Philosophical Investigations*, 4, pp.57-74.

McGuinness, Brian and G. H. von Wright, eds. (1995) *Ludwig Wittgenstein: Cambridge Letters*, Blackwell.

Moyal-Sharrock, Danièle (2016) "Introduction: The Idea of a *Third* Wittgenstein", in D. Moyal-Sharrock ed., *The Third Wittgenstein*, Routledge, pp.1-11.

Munz, Volker A. and Bernhard Ritter eds. (2017) *Wittgenstein's Whewell's Court Lectures: Cambridge, 1938-1941*, Wiley-Blackwell.

Pichler, Alois (2018) "Wittgenstein on Understanding: Language, Calculus, and Practice", in David G. Stern ed., *Wittgenstein in the 1930s*, Cambridge University Press, pp.45-60.

Tilghman, B. R. (1984) *But Is It Art?*, Basil Blackwell.

Wittgenstein, Ludwig (1961) *Tractatus Logico-Philosophicus*, Routledge. =TLP

———— (1998, rev. 2nd ed) *Culture and Value*, Blackwell. =CV

———— (1974) *The Philosophical Grammar*, Blackwell. =PG

———— (1969) *The Blue and Brown Books*, Blackwell. =BB

———— (1966) *Lectures and Conversations on Aesthetics, Psychology and Religious Belief*, C. Barrett ed., Blackwell. =LC

———— (1958, 2nd ed; 2009, 4th ed) *The Philosophical Investigations*, (Wiley-)Blackwell. =PI

———— (2001) *Philosophische Untersuchungen, Kritisch-genetishce Edition*, Joachim Schulte ed., Suhrkamp.

———— (1980) *Remarks on the Philosophy of Psychology*, vol.1, Blackwell. =RPP1

———— (1967) *Zettel*, Blackwell. =Z

Wright, G. H. von (1982) "The Origin and Composition of the *Philosophical Investigations*", in G. H. von Wright, *Wittgenstein*, Blackwell, pp.111-36 (originally published in C. G. Luckhardt ed. (1979) *Wittgenstein: Sources and Perspectives*, Cornell University Press, pp.138-60).

———— (1992) "The Troubled History of Part II of the *Investigations*", *Grazer Philosophische Studien*, vol.42, pp.181-92.

――― (2001) "Vorwort", in L. Wittgenstein, *Philosophische Untersuchungen, Kritisch-genetishce Edition*, Joachim Schulte ed., Suhrkamp, pp.7-11.

菅崎香乃 (2016)「「心理学の哲学」最初期の思考」荒畑靖宏・山田圭一・古田徹也編『これからのウィトゲンシュタイン』リベルタス出版, 102-15頁.

丸田　健 (2007)「レトリックの存在理由――ヴィトゲンシュタインと比喩の諸相」菅野盾樹編『レトリック論を学ぶ人のために』世界思想社, 164-188頁.

モンク, レイ (1994)『ウィトゲンシュタイン――天才の責務』岡田正勝訳, みすず書房.

(奈良大学)

科学哲学 54-1（2021）

**自由応募論文**

# 規則のパラドックスに対する
# 懐疑論的解決とは何だったのか

飯川　遥

### Abstract

Saul Kripke's skeptical solution to the rule-following paradox has often been characterized as self-refuting. In this paper, I will attempt to reconstruct it into a consistent position. Alexander Miller, in a recent paper, showed that Kripke's solution can be interpreted as a kind of quasi-realism about meaning, and pointed out its difficulties (Miller 2020). I will rather characterize the skeptical solution by comparing it to global expressivism, and show that such a reformulation can clear up the difficulties Miller points out.

## 0　はじめに

Saul Kripke が提示した〈規則のパラドックス〉およびその〈懐疑論的解決〉の議論は，現在ではWittgenstein解釈としては誤りであるという評価が確立されている（cf. Kripke 1982 = 1984, 以下KW）[1]．それにもかかわらず，KWが提示したそれらの議論はそれ自体として論じる価値のあるものとみなされており，現在まで様々な議論が交わされている．

　本稿は，KW自身のパラドックスの解決である〈懐疑論的解決〉を最良の仕方で再構成することを目的とする．懐疑論的解決は，パラドックスを引き受けたうえで，それをあるいみで無害化する試みである．KWの批判者たちはしばしば，KWの懐疑論的解決を〈自己論駁的〉であるとか〈不安定〉であると指摘してきた（Boghossian 1989; Wright 1984 = 1985）．しかし，本稿の再構成によればこれらの指摘は誤りであり，懐疑論的解決はそれ自体としては整合的な立場として解釈可能である．それゆえ従来の指摘に反して，規則

2021年4月23日投稿，2021年7月25日審査終了

のパラドックスは，それを引き受けることが直ちに矛盾を引き起こすといういみで破壊的ではないのである．

　以下ではまず1節で，規則のパラドックスとその懐疑論的解決を素描する．次に2節でAlexander Millerによる最近の解釈を取り上げて批判的に検討する．Millerの議論によれば，懐疑論的解決は意味についての準実在論として理解可能であるが，そのように理解したときには，解決しがたい困難が伴う．次に3節では，準実在論をいわば徹底化した〈全面的表現主義〉と比較することで，懐疑論的解決の再構成を行う．最後に4節で，この再構成に基づけば，Millerが指摘する困難を解決できることが示される．

## 1　規則のパラドックスと懐疑論的解決

　本節では，規則のパラドックスとその懐疑論的解決というアイデアを大まかに素描する．規則のパラドックスは，〈話し手Sがある表現Eによって何かを意味する〉という事実が存在しないということを示す論証である．2節でみるように，このことは，あらゆる文が（ある種の）真理条件をもたないことを含意する．懐疑論的解決は，これらの結論を引き受けたうえで，さらなる破壊的帰結を導かないように無害化するという解決策である．具体的には，規則のパラドックスの帰結が有害であると思われるのはあるタイプの真理条件的意味論を前提しているからであり，それを〈主張可能性条件（assertability condition）〉に置き換えることで，その帰結を無害化するのである．以下，これらの論点について順に論じる．

### 1.1　規則のパラドックス

　ある常識的な話し手に，懐疑論者が〈あなたは表現EによってMを意味する〉という言明によって意味Mを帰する場面を考える（以下，このような文を〈意味帰属文〉と呼ぶ）．特にKWは，表現「＋」を用いた足し算をする常識人に対し，その表現の意味としてアディション関数を帰する実践の事例に基づいて議論する．このとき，常識人は〈57 + 68〉という計算Aに対し，問題なく〈125〉という答えを与えることができる．しかしここで懐疑論者は，常識人は計算Aに対して〈5〉と答えるべきだ，と主張する．

　ここでKWは議論のために次の二つのことを仮定する．すなわち，（ i ）常識人は過去に〈57〉以上の数を用いた計算をしたことがなく，（ ii ）常識人は自身に関する心的・物理的事実のすべてにアクセス可能であるとする（KW: 8 = 12; 14 = 24-5）．仮定（ i ）は，任意の人物および記号についてそれが初めて適用される時点を考えることができるから，明らかに無害である．より

重要なのは仮定 (ii) である．この仮定のもとで，懐疑論者は次のような「＋」の解釈を提示し，仮定 (i) から，この逸脱的解釈はこれまでの常識人に関する心的・物的事実のすべてに整合すると主張する．すなわち，計算〈x＋y〉は，x＜57かつy＜57のときアディション関数に従い，x≧57またはy≧57のとき5を返す．このような逸脱的な解釈をクワディション関数あるいはクワスと呼ぶ．常識人自身が表現「＋」によって（たとえばクワディション関数ではなく）アディション関数を意味していたということを決定する事実を提示することができないならば，常識人が表現「＋」によって何かを意味するという事実は存在しないということになる[2]（KW: 21 ＝ 39-40）．

KWは〈話し手Sが表現EによってMを意味する〉という事実（以下，〈意味事実〉と呼ぶ）を決定する心的・物理的事実が満たすべき条件として，次の二つを与える（KW: 11 ＝ 18-9）．すなわち，①Mを一意に決定すること（すなわち，クワディション関数のような逸脱的な可能性を排除すること），②SがEを一定の仕方で適用するべきだという意味事実の規範性を説明すること，である．KWによれば，この二つの条件を満たすような常識人についての事実は存在しない．そしてここまでの議論は，計算Aのような数学的事例だけでなく，言語一般に適用可能である（KW: 19-20 ＝ 35-8）．したがって，すべての意味事実は存在しないということになる．

以上が規則のパラドックスの概要である．本稿の目的はこの議論自体の妥当性を評価することではなく，KWがこのパラドックスに与えた懐疑論的解決の再構成をすることなので，これ以上の詳細には立ち入らない．懐疑論的解決とは，このパラドックスの論証としての不備を指摘するのではなく（そのような解決は〈正面からの解決〉と呼ばれる），パラドックスの帰結を引き受けたうえで，それを無害化するものである．したがって以下では，規則のパラドックスの論証と帰結を妥当なものとみなしたうえで議論を進める．

## 1.2 真理条件から主張可能性条件へ

規則のパラドックスの帰結によれば，任意の話し手S，表現Eについて，〈SがEによってMを意味する〉という意味事実は存在しないのだった．しかしこのことは，真理条件的意味論を前提すると，自己論駁的な帰結をもたらすと思われる．というのも，意味事実が存在せず，すべての話し手S，表現Eについて「SはEによってMを意味する」という命題が偽であるならば，実際には人々はこれまで何も意味してこなかったということになるからである．そして，このようないわば「意味に関する錯誤理論」は，それを提示する文章自体が無意味であるということを帰結する（Boghossian 1989: 523）．

意味事実が存在しないということから，このような錯誤理論的な破壊的帰結を導くことを回避するといういみでパラドックスを無害化することを試みる立場が，懐疑論的解決である．KWによれば，意味事実が存在しないということは，むしろ，「SはEによってMを意味する」というSに対する意味帰属文が（重要ないみでは）真理条件を持たないということを帰結する．ここで文の真理条件とは，単にその文が真になるための必要十分条件というだけでなく，その文に対応する〈世界の側で成立しうる事態〉のことを指す．このような真理条件を，Daniel Boydは「論考的 (the Tractarian) 真理条件」と呼んでいる（Boyd 2017: 5)[3]．KWの懐疑論的解決は，パラドックスの帰結から意味帰属文に論考的真理条件が与えられないことを導き，代わりに主張可能性条件を与えることによって，ある種の有意味性を確保しようとする．つまり懐疑論的解決は，論考的真理条件としての意味は存在しないということを受け入れたうえで，主張可能性条件という別の種類の〈意味〉を確保することで，規則のパラドックスから破壊的帰結を導くことを回避しようとする試みなのである（KW: 73-4 = 143-4)．したがって本稿では，懐疑論的解決を意味帰属に関する〈非事実主義〉として規定する．本稿で非事実主義とは，〈当該の言説[4]に属する言明が，世界の側で成立しうる事態としての真理条件を持たない〉という主張にコミットする立場である[5]．

　論考的真理条件にかえて与えられる，文の主張可能性条件とは，大雑把には，その文が主張可能である状況や，それを使用することが適切である状況のことである．KWによれば，そのような状況を特定し，さらにその言明を含む実践が，我々の生活上どのような役割や有効性を持つかを特定しうるならば，その言明は有意味だといえる（KW: 73 = 142)．

　KWによれば，意味帰属文の主張可能性条件は共同体との関係の下で理解されるべきである．というのも，ある人が確信して計算を行ったとしても，直ちにその答えが実際に正しいことにはならないからである．たとえばジョーンズに対する「+」についての意味帰属の主張可能性条件は，大雑把には，〈ジョーンズが共同体の他のメンバーと同じ答えを与える〉ということである[6]．この条件は，ジョーンズが単に確信して計算を行う場合とは区別されるので，〈話し手に正しいと思われる適用〉と〈端的に正しい適用〉の帰属の区別は維持される．そして，このような意味帰属はジョーンズのような被帰属者が帰属者と同じ仕方で計算を行うという暫定的な信頼を表明するという役割を果たす（KW: 92-3 = 180-1)．

　このような説明が与えられたならば，意味帰属文に対応する意味事実が存在しないとしても，意味帰属文が無意味になるという帰結を避けることがで

きる．というのも，ある言明が〈事実との対応〉という基準を満たさないとしても，「（一）その言明が正当に行われうるところの，大まかにでも特定しうる状況が存在し，そして，（二）そのような状況の下でその言明が行われる言語ゲームが，我々の生活の中である役割を有している，という事」（KW: 77-8 = 151）が担保されたならば，その言明の使用は有意味であるとみなしうるからである．

　以上で，懐疑論的解決の基本的なアイデアを確認することができた．すなわち，意味帰属文に論考的真理条件を与えることができないとしても，それらの文が主張可能性条件をもち，その主張を含む実践が我々の生活上一定の役割を果たしているということによって，意味帰属文が無意味であるという帰結を避けることができる，というのがそれである．

## 2　Millerによる解釈：意味に関する準実在論

　本節では，Millerによって最近提案された懐疑論的解決の解釈を提示し，彼自身が指摘するその難点を概観する（Miller 2020）．Millerによれば，KWの懐疑論的解決はBlackburnの道徳に関する準実在論と類似した構造を持っている（Miller 2020: 15-6）．というのも，Blackburnが道徳的判断は実在する道徳的事実を表象するものではなく，人々の態度によって有意味になるものだとみなすのと同様に，KWの懐疑論的解決も意味帰属文をそのように扱うからである．つまりKWは，1節でみたように，意味事実の存在を認めないものの，文の主張という私たちの態度に定位して意味帰属文の〈意味〉を確立しようとしているといえる．Millerはこのような類似性に基づいて，準実在論のプロジェクトが引き受けるべき二つのタスクを，KWのプロジェクトにも課している．そしてそれらのタスクの実行可能性への疑念に基づいて，懐疑論的解決の難点を指摘する．

　まず，Millerによれば，ある言説に関する準実在論には次の二つの説明タスクが課されることになる．すなわち，①その言説が果たす機能を説明すること，②その言説を成立させる態度に基づいて，その言説についてのトリヴィアルでない真理の観念を構築（説明）すること，である．特に，タスク①はKWにおける〈言明の主張可能性条件とその言明が果たす役割の特定〉というタスクに対応していると考えることができる[7]．また，タスク②は，当該の言説が，文字通り実在するとされる対象についての言説と同様に真理値をもちうるということを説明するために要請される（cf. Miller 2020: 14）．

　そしてMillerは，意味に関する準実在論としてKWの懐疑論的解決を特徴づけたうえで，その難点を二つ指摘している．Millerによる批判の妥当性を

検討するためには，それに先んじて，懐疑論的解決は意味帰属に関して非事実主義をとるにとどまらず，あらゆる言説に対してそうしなければならないというポイントを確認する必要がある．この全面化の問題はすでにWrightやBoghossianによって指摘されており，彼らが懐疑論的解決を〈不安定〉であるとみなす理由になっている（Wright 1984 = 1985: 54-5; Boghossian 1989; Miller 2017[1997]: 214-5）．彼らの論証を再構成すると次のようになる[8]．

(1) （規則のパラドックスの帰結より）すべての話し手S，表現Eについて〈SはEによってMを意味する〉は論考的真理条件を持たない（以下，語「真理条件」は特に断らない限りすべて論考的真理条件を指す）．

(2) （(1)より）すべての表現Eについて〈EはMを意味する〉は真理条件を持たない．

(3) （(2)より）すべての文Pについて〈PはMを意味する〉は真理条件を持たない．

(4) （(3)および意味＝真理条件より）すべての文Pについて〈Pは真理条件pを持つ〉は真理条件を持たない．

(5) ここで，論考的真理概念によれば，〈Pが真である〉ことは，Pが真理条件を持つということと，その真理条件が事実によって充足されるということで決定される．

(6) 他方，もし決定項の一つが非事実的であれば，被決定項も非事実的である（ここで「非事実的」とは，対応する文が真理条件を持たないということである）（Wright 1984 = 1985: 54）[9]．

(7) （(4)，(5)，(6)より）すべての文Pについて〈Pが真である〉が真理条件を持たない．

(8) 論考的真理概念は，真理スキーマ〈P iff Pが真である〉を満たす．

(9) （(7)，(8)より）すべての文Pは論考的真理条件を持たない．

このように，懐疑論的解決は，すべての文が論考的真理条件を持たないということ，すなわち，すべての文が世界の側で成立しうる事態を表象内容として持ちえないということを帰結するのである[10]．

　Millerは，以上のような全面化の問題に基づいて，自身が再構成した懐疑論的解決について，次の二つの難点を指摘する（Miller 2020: 17-9）．第一に，道徳に関する準実在論の場合と異なり，KWの懐疑論的解決は上のようにあらゆる領域において論考的真理条件の放棄を帰結するから，結局破綻することになるのではないか，という疑念があるという．この問題について

Millerは多くを語っていないが，ここで問題にされていることは，さしあたり次のようなことであると思われる．すなわち，懐疑論的解決や主張可能性条件もまた表象内容をもたないとすれば，それら自体の有意味性はどのようにして確保されるのかが一見して不明瞭であるということだ（cf. Wright 1984 = 1985: 54）．

　第二の難点は，全面化の問題を考慮すれば，KWは〈当該の言説に属する言明が真であるとはどのようなことかを説明する〉というタスク②を遂行できないというものだ．それによれば，真理の観念を構築するには，何らかの正しさの基準を利用できなければならないが，KWにはそれは不可能であるという（Miller 2020: 18-9）[11]．なぜなら，ある基準が提案されるや否や，規則のパラドックスが再び提起されるからである．つまり，正しさの基準は，すべての適用例を正しいものとそうでないものに分別できなくてはならないが，その基準自体を逸脱的に解釈することがいつでも可能なのである．そして，そのような解釈に基づけば，原理的にはどのような適用も正しいもの（あるいは正しくないもの）とみなしうることになってしまう．したがって，KWにはタスク②を達成するための道具立てがないように思われる．Millerはこの点を要約して次のように述べている．

　　懐疑論的解決において働く主張可能性条件という観念は，〈どのような（any）〉正しさの観念からも，意味や帰属の発話［ママ］がそれを満たしたり満たさなかったりする〈どのような〉基準の観念からも〈全面的に（entirely）〉切り離されているから，意味についての準実在論は（道徳の場合と違い），ある正しさの観念（正当化）からもう一つの観念（真理）を構築することを試みているのではなく，むしろ，どのような正しさの観念にも訴えることなく記述されるような資源から正しさの観念を構築することを試みているのである．（Miller 2020: 18-9，［ ］内は引用者，〈 〉内は原文のイタリックによる強調．なお，［ママ］は原文で "utterances of ascriptions or meaning" であるが，「意味の帰属の発話」 "utterances of ascriptions of meaning" の誤記であると思われる）

たとえば，〈共同体の人々と一致する足し算の答えを与えるかどうか〉という基準Sによって，具体的な〈＋〉の意味帰属が正しいかどうかを判定するということを考えてみよう．この基準の通常の解釈では，ジョーンズは〈＋〉によって足し算を意味しているが，計算Aに〈5〉と答える太郎はそうではないとする．しかし，Sを逸脱的に解釈することは原理的には常に可能

である．たとえば，Sの逸脱的解釈S*が述べる〈共同体の人々と一致する*〉とは，次のようなことである．すなわち，時点t以前においては計算Aに〈125〉と答え，t以後は〈5〉と答える．S*によれば，t以後には太郎は〈+〉の意味を帰され，計算Aに〈125〉と答えるジョーンズは〈+〉の意味を帰されないことになる．そして，このような逸脱的解釈は無数に可能なので，意味帰属の基準を適当に解釈することによって，どのような表現の適用についてもその正しさを任意に決めることができる．このように，ある正しさの基準が一度提案されるや否や，規則のパラドックスによって，その基準は不適格なものになってしまう．それゆえ，Millerによれば，規則のパラドックスを受け入れるKWは，事実上どのような正しさの基準も利用することはできないというのである．

　以上で，Millerの準実在論的解釈のもとでのKWが抱える二つの困難を確認することができた．次節では，準実在論と類似的ではあるが重要な点で異なる〈全面的表現主義〉という立場を導入し，それと比較することで懐疑論的解決の特徴づけを行う．

## 3　全面的表現主義と懐疑論的解決

　本節では，Huw Priceらが提唱する全面的表現主義のアイデアを提示し，KWの懐疑論的解決がその重要な特徴を共有しているという解釈を提示する[12]．そして，次節において，この解釈によれば，Millerが指摘した二つの問題点はクリアされることを示す．

　以下では，まず3.1節でPriceの全面的表現主義のアイデアを簡単に確認し，KWの懐疑論的解決がその基本的なプロジェクトを引き受けているとみなすことができることを指摘する．次に3.2節で，Priceらの立場や準実在論とKWの立場の違いを考慮することで，懐疑論的解決の正確な特徴づけを与えることを試みる．

### 3.1　全面的表現主義とは何か

　Huw Priceらが提唱している全面的表現主義は，準実在論のプロジェクトを全面化したものとして特徴づけることができる (Price 2019: 8-9)．そしてそのために，準実在論がコミットする〈世界の表象〉と〈人々の態度〉という言説の区別（「二分化テーゼ」）を放棄するのである（井頭昌彦 2014: 227-9; Price 2019: 8-9; Macarthur & Price 2007）．準実在論においては，まず前者のタイプの言説が確保され，それから区別される道徳などの言説を後者のタイプとみなし，後者の「意味論[13]」を構築していくことが目指される．そ

れに対し全面的表現主義によれば，すべての言説が有意味であるのは，表象内容を持つからではなく，何らかのタスク処理を果たすという目的のために人々が身に着けたものとしてみなされる限りにおいてである．

　私は，KWの懐疑論的解決もこの特徴を共有していると解釈できると提案する．懐疑論的解決は，1節でみたように明らかに言説の主張可能性条件の記述とその言説が果たす生活上の役割の説明というタスクを引き受けている．それだけでなく懐疑論的解決は，前節で確認した全面化論証によって，あらゆる言説は〈世界の表象〉という地位を得ることができないという主張にもコミットしていることになる[14]．したがって，KWにとってあらゆる言説は共同体内部の活動において一定の役割を果たす限りで有意味であるにすぎない．これらの点は先に確認したPriceの全面的表現主義の特徴づけに符号しているといえる．

　さらなる重要な類似点として，Priceの全面的表現主義が意味論的デフレ主義を採用しているという点があげられる．Priceは自身の立場と準実在論を比較して，次のように述べている．

　　［準実在論の］積極的テーゼとは，道徳的主張は非－意味論的に特徴づけられた何らかの役割を持つ，ということである．［中略］デフレ主義は，積極的テーゼが全てのモデルであるはずだと示唆する．つまりそれは，意味論的に特徴づけられた機能を持つ，と言うことが有益（informative）でありうるようなボキャブラリーは全くないということを含意する．デフレ主義は，意味論的な観念に理論的な役割を与えることを拒否するのである．（Price 2019: 10，［　］内は引用者）

つまり意味論的デフレ主義は，あらゆる言説についての〈指示〉や〈真理〉，〈真理条件〉等といった意味論的概念に説明的な役割を認めず，それらのトリヴィアルな適用のみを認めるという主張である．たとえば，全面的表現主義にとって主張pの真理条件は〈'p' is true iff p〉という仕方でもっぱら論理的操作のみによって形式的に考えられるものにすぎない．それゆえ，上で簡単に述べた全面的表現主義のタスクは，そのタームの意味論的内容に訴えることなく遂行されるということになる[15]．

　他方，KWが少なくとも真理や事実という観念について一種のデフレ主義を採用していることは明らかである．KWは，任意の主張可能な言明Pについて「Pということは事実である」という表現が可能であるということもまたPの論考的真理条件に訴えることなく説明できるということを論じる文脈

で，次のように述べている．

> ウィトゲンシュタインは真理の「余剰」説 ('redundancy' theory of truth) をとるのである．即ち，ある言明について，それは真である，と主張すること（あるいはむしろ，それに「……は事実である」という表現を付加すること）は，単にその言明そのものを主張することと同じなのである．(KW: 86 = 168)

このように，KWは明示的に〈真理〉という意味論的概念に説明的な役割を与えないと述べている．〈指示〉や〈表象〉等の他の意味論的概念の扱いについては明示的に述べられていないものの，それらに説明的役割を与えず，トリヴィアルな使用のみ認めるという路線はKWの議論と少なくとも整合的であると思われる[16]．というのも，上の引用部では，論考的真理条件の場合と同様に規則のパラドックスの餌食になる仕方での使用を避ける限りで，意味論的概念の使用を認めていると解釈できるからである．

　以上で，Priceの全面的表現主義がKWの懐疑論的解決と次の二つの重要な共通点を持つことが示された．すなわち，(i) あらゆる言説の有意味性をそれが果たす機能から説明しようとすること，(ii) その説明において意味論的概念に訴えないこと（意味論的デフレ主義），である．

### 3.2　形而上学的静寂主義vs.意味論的反実在論

　以下ではKWの懐疑論的解決がコミットしている〈世界で成立しうる事態＝表象内容〉としての真理条件があり得ないという全面的な非事実主義の含意を検討し，この点が，Priceの形而上学的静寂主義へのコミットメントとの相違点であると指摘する．そして，この比較のもとで本稿の解釈に基づく懐疑論的解決の特徴づけを明確化する．

　Priceらの主張の内実を理解するために，David MacarthurとPriceの整理に従って三つの静寂主義の主張を区別しよう．彼らの用語法では，特定のボキャブラリーについての静寂主義とは，それらの語彙を哲学理論のために用いることを拒否するという主張である (Macarthur & Price 2007: 116)．この特徴づけに従えば，形而上学的静寂主義とは，たとえば「実在」などの形而上学的ボキャブラリーが哲学理論において何らかの役割を果たすということを拒否するという主張だということになる．彼らは，それに加えて，表象的静寂主義と使用 - 説明的静寂主義という二つの主張を導入する．それぞれ，表象的ボキャブラリーの哲学的役割と，人々の言語使用の機能を説明す

るボキャブラリーの哲学的役割を拒否するという主張である．前者のボキャブラリーにはたとえば「（論考的）真理条件」などの意味論的語彙が含まれ，後者にはたとえば意味帰属文の機能としての〈信頼の表明〉などを記述する語彙が含まれる．彼らによれば，全面的表現主義は形而上学的にも表象的にも静寂主義をとるが，使用－説明的静寂主義はとらない（Macarthur & Price 2007: 118）．実際，全面的表現主義においては，「真理条件」などの意味論的な表象的語彙を用いずに，あらゆる言説の機能を説明することで，それらの有意味性を確保するのだった．一方で準実在論は，この分類によれば，該当範囲内の言説について局所的に形而上学的静寂主義をとるが，表象的にも使用－説明的にも静寂主義はとらない．というのも，たとえば道徳についての準実在論は，その言説の対応者が形而上学的に実在するかどうかという問いはその理論においていかなる役割も果たさないのに対し，当該の言説が表象的な機能をもつということについては明示的に否定して，別の種類の説明（たとえば，他者を非難するという機能など）によってその有意味性の確保を試みるからである（Macarthur & Price 2007: 117）．

　他方で，この分類に従えば，KWの懐疑論的解決は，それらすべてのいみで静寂主義をとらないということになる．KWが引き受ける規則のパラドックスによれば，どのような言明についても，それが世界の側で成立しうる事態を表象するという関係は成立しえない．つまりKWは，言語と世界との間の表象関係が成立しえないということを主張するために，「表象」や「真理条件」などの語彙を使用する必要がある．それゆえKWは，準実在論と同様に，それらの表象的ボキャブラリーに哲学理論上の役割を与えていることになるので，表象的静寂主義を拒否しているといえる．さらに，このいみでの表象不可能性は，それ自体形而上学的主張であるだけでなく，世界に何が実在するのかというタイプの形而上学的問いに解答を与えることが不可能であるということを含意する．したがって懐疑論的解決は〈実在する真理のリストを原理的に知ることができない〉という，意味論的あるいは認識論的な反実在論を含意する．このように懐疑論的解決は，私たちの認識論的地位についての否定的な哲学的主張を特徴づけるために「実在」や「真理」などの形而上学的ボキャブラリーの役割を認めていることになるから，形而上学的静寂主義も拒否しているといえる[17]．そして，準実在論や全面的表現主義と同様，KWもまた言説の機能を説明するボキャブラリーの役割を認めるから，使用－説明的静寂主義も拒否することになる．

　まとめよう．準実在論と全面的表現主義およびKWの各立場が含意する主張について，MacarthurとPriceが作成した表をもとにして各立場を分類した

ものが以下の表1である (Macarthur & Price 2007: 117)[18]. 「主張のスコープ」とは，それぞれの立場が含意する主張が，特定の範囲の言説に限定されているかどうかという特徴を表している.

表1

|  | 形而上学的<br>静寂主義 | 表象的静寂<br>主義 | 使用－説明的<br>静寂主義 | 主張のスコープ |
|---|---|---|---|---|
| 準実在論 | Yes | No | No | 局所的 |
| 全面的表現主義 | Yes | Yes | No | 全面的 |
| KW | No | No | No | 全面的 |

　したがって，以上のように再構成された懐疑論的解決は，次の三つの主張の連言として特徴づけられる. すなわち，(a) 形而上学的・全面的な表象不可能性 (非事実主義)，(b) あらゆる言明の主張可能性条件の特定とその言説の機能の説明，(c) 意味論的デフレ主義，である.

　以上で，本稿が再構成した懐疑論的解決の基本的特徴を確認することができた. 次節では，このように解釈された懐疑論的解決が，Millerの準実在論的解釈の問題点をクリアできることを指摘する.

## 4　懐疑論的解決の整合性を擁護する

　Millerによれば，準実在論的解釈は次の二つの問題を抱えているのだった. すなわち，(1) 全面的な非事実主義のもとでは懐疑論的解決それ自体が無意味になってしまうのではないかという疑念を払しょくできていない点，(2) 〈主張可能性から真理の観念を構築する〉という準実在論のタスクを果たしうるリソースがないという点，である.

　まず，(2) の問題から論じる. Millerによれば，真理の観念を構築するとは，たとえば，人々の理想的な道徳的態度の集合に訴えることで道徳的言説に真理条件を与えるような作業に相当する. 私は，ある言説に関する準実在論が実質的な真理条件を与えうるのでなければならないというMillerのこの要請は，〈世界の正しい表象〉に属する言説と〈人々の態度〉の側に属する言説の区別という〈二分化テーゼ〉を前提しているために生じると考える. というのも，真理の観念を構築するというタスクは，道徳などの字義通りには実在しないような対象についての言説が，字義どおりに実在するとされる対象についての言説とあるいみで同様にふるまうという事実を説明するために要請されているからである (cf. Price 2019: 9)[19]. しかしPriceによれば，こ

の事実はむしろ，以上のような二分化テーゼが十分な基礎を持たないという
ことを示している．前節まででみたように，KWの懐疑論的解決はあらゆる
言説が表象内容をもたないと考えるから，二分化テーゼを含意しない．それ
ゆえ懐疑論的解決は，全面的表現主義と同様〈人々の態度〉を表すとされる
側の言説について特別に〈世界の表象〉と同様の真理の基準＝真理条件を確
保するというタスクをそもそも引き受ける必要がない[20]．さらに言えば，意
味論的デフレ主義を採用する立場においては，言明pの真理条件は〈‘p’ is
true iff p〉という形式で半ば自動的に与えることができるから，〈真理〉の観
念を構築するという課題はトリヴィアルな仕方で（そしてその仕方でのみ）
解決される．したがって，KWが意味論的デフレ主義をとっていると考える
本稿の立場からすれば，Millerにとっての (2) の問題は解消されるといえる．
　次に (1) の問題に移る．これは，前節で特徴づけた懐疑論的解決の主張
(a) と主張 (b) の整合性についての疑念である．全面的な非事実主義によれ
ば，2節でみたように，あらゆる言説は表象内容をもたない．また，主張可
能性条件は表象内容ではない．それゆえ，懐疑論的解決が整合的であるなら
ば，主張可能性条件や言説の機能の特定それ自体も，表象内容を抜きにし
て，何らかの機能と主張可能性条件をもつことによって有意味になっている
はずである．しかし，以下でみるように，このような考え方は無限後退の可
能性をはらんでいると思われる．さらに，Millerが別の場所でJose Zalabardo
の論文に依拠して論じているように，懐疑論的解決が主張可能性条件におい
て共同体の傾向に訴えることで意味帰属文の真理条件を与えようとしている
のでないとすれば（このことはKWがすでに否定していることでもある），
一見して，それは何をしていることになるのか理解不能であると思われる
(Miller 2017: 219-22; cf. 飯田隆 2016: 107-8)．以下では，これらの問題に対
して次のように応答することを試みる．すなわち，共同体の傾向に訴えるこ
とは人々が言語実践を共有できるためのアプリオリな条件を（暗黙裡に）主
張している．そして，この見方によれば無限後退は発生せず，懐疑論的解決
は整合的であるといえるのである．
　このことを論じるに先立って，意味についての主張可能性条件に対してや
や形式的な特徴づけを与えておくことにする．すなわち，「表現EはMを意
味する」というタイプの文の主張可能性条件は，〈「EはMを意味する」と共
同体の成員が一致して発話する傾向性を持つ〉場合である．
　次に，通常の言明の主張可能性条件と，意味帰属の主張可能性条件との理
解可能性に関する依存関係を整理する．たとえば「テーブルの上にリンゴが
ある」（テーブル文）という文の主張可能性条件は，〈「テーブル」とよばれる

対象Xの上に「リンゴ」とよばれる対象Yがある〉ということとして考えることができる．このとき，テーブル文の主張可能性条件それ自体の主張可能性条件は，たとえば，〈「『テーブル』はXを意味する」と共同体の成員が一致して発話する傾向性を持つ〉などのテーブル文の部分表現の意味についての主張可能性条件によって構成されるだろう．ところで，懐疑論的解決によれば，任意の言明が理解可能であるのは，その主張可能性条件が理解可能であるときに限られる．したがって，一般に通常の言明の理解可能性は，その主張可能性条件の理解可能性に依存し，さらにその主張可能性条件の理解可能性は，元の言明を構成する文未満表現の意味についての主張可能性条件の理解可能性に（少なくとも部分的に）依存するといえる．

　ところで，言明の理解可能性に関するこの依存関係の連鎖は，原理的にはどこまでも続けることができる．つまり，意味についての主張可能性条件それ自体もまた，何らかの文によって表現されるほかないから，それが理解可能であるためにさらなる主張可能性条件が要請され，無限後退すると思われるのである．すなわち，任意の言明sの部分表現の意味についての主張可能性条件cが理解可能であるためには，高階の主張可能性条件d〈条件cが成立しているかどうかについて共同体の成員の反応が一致する〉が理解可能である必要がある．そして，この高階の主張可能性条件dについて，さらに〈条件dが成立しているかどうかについて共同体の成員の反応が一致する〉という主張可能性条件eが構成でき，この手順は原理的には無限に継続可能である．

　そして，懐疑論的解決によれば，文の理解可能性はその主張可能性条件の理解可能性に依存するから，n階の主張可能性条件の理解可能性は，n＋1階の主張可能性条件の理解可能性に依存している．一般に，言明の主張可能性条件が（その表象内容に訴えずに）理解可能であるということは，その条件が成立しているかどうかを人々が実践的に区別できるということに存すると思われる．しかし，人々は明らかに無限の言明に同意したり否定したりすることはできないから，〈人々が一致してそれらの言明すべてに同意/否認する〉ということはありえない．したがって，以上の主張可能性条件の系列は結局理解可能ではないということになる．そして，すべての言明の主張可能性条件の理解可能性は，意味についての主張可能性条件の理解可能性に少なくとも部分的に依存するのだった．したがって，言明の理解可能性を，その表象内容や真理条件に訴えることなく，もっぱら主張可能性条件のみによって与えようとする限り，この無限後退は懐疑論的解決が不整合であることを示しているように見える．

　しかし，以上のような無限後退の可能性という問題は，〈共同体の成員の反応が一致する〉という条件についてのさらなる主張可能性条件——すなわち〈反応が一致しているかどうかについて一致している〉といういわば二階の一致について述べる主張可能性条件——を，経験的主張ではなく，アプリオリな条件の主張とみなすことで解消できる．この〈反応の一致に関する一致〉という条件の特別な地位は，そのような条件が言語実践それ自体の成立のための可能性の条件を構成しているということによって担保される．つまり，言語実践に参与可能であるためには，〈どのようなふるまいが一致しているとみなされるか〉ということを区別できなければならないのである．というのも，この条件は，意味についての主張可能性条件が訴える〈共同体〉を構成する成員になるための最低限の要件だからである．言い換えれば，この条件を実践できない人は私たちの共同体と言語実践を共有できない．したがって〈反応が一致しているとみなされるのはどのような場合か〉ということについての理解を共有していること——つまり，反応が一致している場合とそうでない場合とを人々が一致して区別できるということ——はアプリオリに成立するから，〈反応の一致についての一致〉に関する言明の理解可能性を担保するためにさらなる主張可能性条件に訴える必要はなくなり，無限後退は発生しないのである．すなわち，反応の一致に言及する意味帰属の主張可能性条件cが充足されているかどうかは経験的問題であるが，cの理解可能性を与える〈反応の一致〉という話法についての高階の主張可能性条件d——すなわち，反応の一致について一致しているということ——はその共同体の成員にとって，アプリオリに理解可能なのである[21, 22]．

　このような〈一致についての一致〉という条件がアプリオリに達成され，一致しているとはどのようなことかについての理解が共有されているということは，KWにおける「生活形式」という語によっても表現できる．KWは「生活形式」について次のように述べている．

　　我々が一致して示す諸反応と，それらが我々の行為と絡み合う仕方，この両者の組み合わせが我々の〈生活形式（form of life）〉である．突飛なクワスふうな反応を首尾一貫して与える事において一致している生物は，我々とは別な生活形式を共有しているのであろう．定義によって，そのような我々とは別な生活形式は，突飛であり，我々には理解不能であろう．
　　［中略］
　　我々は相互に，我々は「＋」でもってアディションを意味している，と

言いあうことを許しているということは，我々は一般に計算結果において一致している，というどうしようもない生の事実によって支えられている「言語ゲーム」の一部なのである．（KW: 96-7＝187-9，〈 〉は原著のイタリックによる強調）

KWはこの箇所で，クワディション的な（私たちから見れば逸脱的な）計算の仕方で一致している人々は私たちと異なる生活形式を共有しているといえる，と論じている．そのとき，そのような共同体の人々が扱う表現の意味は，「定義によって」，したがってアプリオリに，私たちには理解不可能であるという．

　ここで，さらにラディカルな逸脱的生活形式をもつ共同体を考えることができる．その共同体においては，私たちが〈不一致〉とみなすふるまいを許容し，〈一致〉しているとみなすふるまいを拒絶するとしよう．このとき，私たちはもはやその共同体に属する人々が何らかの規則に従っているということや，何かを意味しているとはもはや言えないだろう．このいみで，〈なにが一致しているとみなされるか〉ということについての一致は〈生活形式の共有〉ということで考えうる最も根本的な種類の一致なのである．そして，この根本的な一致こそがアプリオリに成立する「どうしようもない生の事実」であるから，この主張についてさらなる主張可能性を問うことは不必要なのである．

　まとめよう．Millerによって提示されたもともとの問題は，全面的な非事実主義をとるならば懐疑論的解決それ自体が無意味になってしまうのではないか，ということだった．この問題に対して私は次のように応答した．すなわち，懐疑論的解決の議論それ自体もまた表象内容を持たず，それを構成する言明が主張可能性条件を持ち一定の役割を果たす限りで意味を持つにすぎない．そして，主張可能性条件それ自体は表象内容を抜きにしては理解可能ではないのではないかという疑念が，理解可能性に関する無限後退の問題に基づくとすれば，〈反応の一致に関する一致〉という条件の特別な地位を認識することで，この疑念は解消できる．つまり，〈反応の一致についての一致〉という条件がアプリオリに成立することで，意味についての主張可能性条件を構成する〈反応の一致〉という条件が，その都度の適用において，表象内容をぬきにして理解可能になっているといえるのである．

## 5　おわりに

　以上，本稿では，Priceらが提案した全面的表現主義のアイデアと比較す

ることでKWの懐疑論的解決を特徴づけ，その整合性を擁護することを試みてきた．本稿の議論が成功しているとすれば，懐疑論的解決は，その直観に反する主張にもかかわらず，それ自体として不整合であると断じることはできない．したがって，意味についての懐疑論としての規則のパラドックスを引き受けること自体は，直ちに矛盾を引き起こすわけではないのである．本稿の解釈は，それが成功しているとすれば，KWの一貫した理論的主張の意義を再評価する端緒になりうるだろう[23]．

## 注

1. 以下，KWからの引用文は基本的に訳書に倣ったが，必要に応じて訳文を変更した．また，引用ページ数は（原書＝訳書）の順で併記する．

2. なお，ここで問題になっていることは，数学的な公理系の選択の問題ではない．というのも，一定の公理から足し算などの計算を構成するにあたっても，繰り返し〈同じ〉規則を適用する必要があり，ここではまさにそのような規則の従い方が何らかの事実によって決定されているかどうか，ということが問題になっているからである．

3. 論考的真理条件は，たとえば，3節で論じるデフレ主義的真理条件とは区別される．KWが真理条件を拒否するとき，論考的真理条件を念頭においているということは次の個所から読み取れる．「『論考』の最も単純で最も基本的な考えは，ほとんど拒否できないものである．それは，平叙文はその意味を真理条件（truth condition）から，即ち，もしそれが真ならば成立しなくてはならない事実への対応から，得るのだ，ということである．」(KW: 72 = 141)．

4. 本稿で「言説」とは，その使用が果たす実践上の役割によって個別化される言明の集合（またはクラス）である．

5. 近年，George WilsonやMartin Kuschらによって KW の懐疑論的解決を〈意味に関する事実主義〉として合理的に再構成し，それを擁護するという試みがなされてきた（Wilson 2002; Kusch 2006）．彼らの解釈はその細部において各々に異なるが，KWが〈意味帰属の事実性を何らかのいみで確保している〉と主張する点で共通する．BoydやMillerによれば，事実主義的解釈は整合性が疑問視される（Boyd 2017; Miller 2017: 226-37; Miller 2020）．本稿では事実主義的解釈については検討せず，KWの懐疑論的解決を一貫して非事実主義として理解する．

6. これは実際には粗雑すぎる定式化である．たとえばこの条件では，ジョーンズが単に計算間違いを犯しただけの場合でも意味を帰すことができないことになってしまう．MillerはBarry StroudのKWに対する批判を受けて，次のような改定を提案する．すなわち，文の主張可能性条件とは，「関連する実践の参加者たちがそれを主張的に（assertively）発話する傾向性を持つ状況である」(Miller 2020: 9)．ここでの「主張的」な発話はStroudの提言に基づいて特徴づ

けられる．すなわち，文の意味内容についての想定から独立に同定されうる状況において，それが正当に発話されるということである（Miller 2020: 7）．Millerの定式化は直接的には表現に意味を帰する言明の主張可能性条件であるが，人に意味を帰する言明に応用すれば，単に計算間違いを犯しているだけの人も，共同体の他の人々に認められうる限りで，足し算を意味していると言えるということになるだろう．しかし，これらの技術的な詳細については本稿ではこれ以上論じない．

7. タスク②については事情が異なる．3節でみるように，KWは真理に関する余剰説をとっている（KW: 86 = 168-9）．この立場はいわゆるデフレ主義の一種で，それによれば，〈真である〉という述語は原則的に省略可能であり，他の文を代替するなどの文法的な機能をもつにすぎず，それが適用される文や命題等々すべてに共通する性質というものは存在しない．このような立場を採用するKWがタスク②を引き受けているというのは解釈上やや無理があると思われる．というのも，KWによればさらなる説明を要求する〈真である〉という性質は存在しないはずだからである．

　　他方でMillerは，Blackburnが引き受けざるを得ない，いわゆる〈フレーゲ－ギーチ問題〉を論じる文脈で，KWが真理に関するデフレ主義を採用しているという点に言及している（Miller 2020: 16-7）．Millerはフレーゲ－ギーチ問題を回避するために，KWが真理に関するデフレ主義を採用したのかもしれないと考えているようである．

　　実際，次節でみるように，KWの〈準実在論〉はすべての言説に拡張されることになるから，フレーゲ－ギーチ問題は回避できるだろう．しかしそうだとしても，真理に関するデフレ主義の採用とタスク②の遂行義務との間の緊張関係の問題はフレーゲ－ギーチ問題とはさしあたり独立であり，前者の問題は払しょくできていないと思われる．

8. このような非事実主義の全面化論証に対しては，いくつかの批判がある（Boyd 2017; Bob Hale 2017［1997］: 627-8）．しかしたとえば，Boydは意味帰属が非事実的な言明であるということは認めるものの，主張可能性条件を述べる言明は〈事実を述べるためのもの〉であるといういみで事実的なものとみなす点で不十分である（Miller 2020: 6, n9）．というのも，Millerが注で批判するように，後者が事実的言明であり，それゆえ表現の使用規則を述べるものであるとすれば，懐疑論のさらなる適用を回避できないと思われるからである．また，Haleは真理より弱いとされる〈正しさ〉という観念に訴えて全面化の問題を回避しようとしているが，Boydの場合とほとんど同じ批判が可能であると思われる．

9. Wrightによれば，たとえば〈展示品の並び方の優美さ〉が〈その展示会の良さ〉を少なくとも部分的に決定するとすれば，前者が事実問題でないならば後者も事実問題ではない．

10. 他方，KWにおいてこのような論証は明示的には与えられていないものの，論

考的真理条件を全面的に拒否していると解釈すべきだと思われる（cf. KW: 70-3 ＝ 138-42; Miller 2020: 5, n8）．というのも，規則のパラドックスの議論は任意の語彙について適用できるとされているからである．

11. たとえばBlackburnの準実在論では，高階の態度による正当化（あるいは改善）の可能性に訴えて理想的な態度の集合を措定し，それによって道徳的言説の真理条件を確保することが可能であるという．

12. なお，Millerも注で，懐疑論的解決はPriceの「『全面的表現主義』と関連するかもしれない」と述べている（Miller 2020: 17, n32）．

13. ここで「意味論」とは，言語表現とその表象内容を対応付ける理論である．つまり，ここで「意味論的内容」とは表象内容である．したがってこのいみでは，反表象主義的な意味の理論やKWの主張可能性条件の理論は「意味論」には含まれないことになる．

14. 他方，3.2節で指摘するように，Priceらの全面的表現主義は表象的静寂主義を含意するので，ここまで強い主張にコミットしていない．

15. なおAlexis Burgessは，〈指示〉や〈真理条件〉などのあらゆる意味論的概念についてデフレ主義を採用したとしても標準的な形式的意味論は理解可能であると主張している（Burgess 2011）．というのも，形式的意味論を〈言語表現がどのようにして意味を持つようになるか〉ということを説明する構成的な説明プロジェクトではなく，〈単純な言語表現から複雑な言語表現がどのようにして合成されるか〉ということを説明する統合的な説明プロジェクトとみなすことによって，意味論的概念の実質的な内容に訴えることなく，形式的意味論を理解可能にすることができるからである．

16. Boghossianは真理のデフレ主義も懐疑論的解決と不整合であると考えていたが，それは誤りである（Hale 2017[1997]: 627-8; cf. Boghossian 1989）．というのも，〈世界の側で成立しうる事態〉としての対応説的な真理条件を拒否することは，デフレ主義的な真理条件をも拒否しなければならないということを含意しないからである（cf. Boyd 2017）．

17. MacarthurとPriceはこれらすべての静寂主義を拒否する立場として標準的な形而上学者らのものを念頭に置いている（Macarthur & Price 2007: 116-7）．標準的形而上学者は，形而上学的探求が可能であり表象的関係も成立すると考えるから，それらについての静寂主義を拒否していることになる．つまり彼らは，形而上学的ボキャブラリーや表象的ボキャブラリーを哲学理論に積極的に用いようとするのである．それに対し懐疑論的解決は，形而上学的探求と表象の不可能性を主張するという仕方でそれらのボキャブラリーを消極的に使用する．そのため，静寂主義を拒否することはKWと標準的形而上学者とで共通するものの，その理由が対照的であるといえる．

18. 具体的な変更点は，本稿の議論に直接関連しない立場を削除してKWの立場を追加し，アルファベットでラベリングされていた個所を各立場の名前に置き換え，特徴の行に「主張のスコープ」という項目を追加した．

19. 実際，Millerは，道徳に関する準実在論の根本的タスクを，道徳的判断の本性を説明することだとしたうえで，準実在論は，特にフレーゲ–ギーチ問題などの問題を解決するために真理の観念を構築する必要があるとしている（Miller 2020: 14）.

20. テクスト解釈上も，KWが真理に関するデフレ主義を公然と引き受けているということは，上記 (2) で言及されているタスクの遂行義務と緊張関係がある. 注7をみよ.

21. 以上の論証で考えられている「共同体」は，一階の主張可能性条件を与えるときに通常想定されているような日本語や英語などの個別的な言語共同体ではなく，すべての言語使用者がその外延に含まれるような，いわば〈言語使用者–共同体〉である.

22. ここでの議論について，匿名の査読者から〈無限後退の問題を共同体の定義に訴えて拒否するのは論点先取ではないか，そしてもしそれが許されるなら一階の一致に訴えることでも同様の結論を得られるのではないか〉というコメントを頂いた. たしかに私は，高階の一致があるいみで「言語使用者–共同体」の定義の一部になっており，まさにそのことによって無限後退の問題は生じないと論じている. しかし，この議論が論点先取であるのは，言語実践を行う共同体で高階の一致が成立しないことがありうる場合に限られると思われる. 私はそのようなことはありえないと考える. 他方で一階の一致は，通常の判断の場合も意味についての判断の場合も，誤解や誤用等によって成立しないことがありうる. それゆえ一階の一致の成立は，高階の一致とは異なり，言語実践の成立のための必要条件ではない. したがって私は以上の議論が論点先取にはなっていないと考える. この点についてはさらに掘り下げて展開する余地があるが，紙幅の都合もあり，稿を改めて論じたい.

23. 本稿の草稿に対して有益なコメントをくださった井頭昌彦さん，白川晋太郎さん，匿名の2名の査読者の方々に感謝申し上げます.

## 参考文献

Boghossian, P. A. (1989). The Rule-Following Considerations. *Mind*, 98 (392), 507-549.

Boyd, D. (2017). Semantic Non-factualism in Kripke's Wittgenstein. *Journal for the History of Analytical Philosophy*, 5 (9), 1-13. https://doi.org/10.15173/jhap.v5i9.3009

Burgess, A. (2011). Mainstream semantics ＋ deflationary truth. *Linguistics and Philosophy*, 34 (5), 397–410. https://doi.org/10.1007/s10988-012-9105-1

Hale, B. (2017 [1997]). Rule-Following, Objectivity, and Meaning. B. Hale, C. Wright, & A. Miller (eds.), *A Companion to the Philosophy of Language* (pp. 619-48). John Wiley & Sons, Ltd. https://doi.org/10.1002/9781118972090.ch24

Kripke, S. A. (1982). *Wittgenstein on Rules and Private Language: An Elementary Expo-*

*sition*, Basil Blackwell Ltd.（黒崎宏訳.（1984）. ウィトゲンシュタインの
パラドックス――規則・私的言語・他人の心――. 産業図書）（＝KW）

Kusch, M. (2006). *A sceptical guide to meaning and rules: Defending Kripke's Wittgenstein*. Routledge.

Macarthur, D., & Price, H. (2007). Pragmatism, Quasi-realism, and the Global Challenge. C. Misak, (ed.), *New Pragmatists*. (pp. 91-121). Oxford University Press.

Miller, A. (2017). *Philosophy of Language*, 3rd ed., Routledge.

Miller, A. (2020). What is the Sceptical Solution? *Journal for the History of Analytical Philosophy*, 8(2), 1-22. https://doi.org/10.15173/jhap.v8i2.4060

Price, H. (2019). Global Expressivism by the Method of Differences. *Royal Institute of Philosophy Supplement*, 86, 133-154. https://doi.org/10.1017/S1358246119000109 DRAFT＝<https://prce.hu/w/preprints/GEbyDifferences.pdf>（2020年10月 12日閲覧，引用はドラフトによる）

Wilson, G. M. (2002). Kripke on Wittgenstein on Normativity. C. Wright & A. Miller (eds.), *Rule-Following and Meaning*. (pp. 234-59). McGill-Queen's University Press.

Wright, C. (1984). Kripke's Account of the Argument Against Private Language. *The Journal of Philosophy*, 81(12), 759-77.（松本洋之訳.（1985）. クリプキと 私的言語論. 『現代思想』青土社, 13-4, 44-63）

飯田　隆.（2016）.『規則と意味のパラドックス』. 筑摩書房.

井頭昌彦.（2014）.「プラグマティックな自然主義」と3つの課題.『思索』. 47, 221-247.

（一橋大学）

科学哲学 54-1（2021）

## 自由応募論文

# 外的世界の懐疑論と日常世界の超出

大石敏広

## Abstract

The following statements represent an example of external world skepticism: (1) I know that I have hands only if I know that I am not a brain in a vat. (2) I do not know that I am not a brain in a vat. (3) Therefore, I do not know that I have hands. The first premise implies the closure principle. So, anti-skeptics argue that external world skepticism is false, as there are several counterexamples of the closure principle. This study aims to examine these counterexamples, contend their invalidity, and argue that external world skepticism is an attempt to transcend the everyday world, showing that its statements are not necessarily nonsense or false in terms of analogy and metaphor.

## はじめに

　私たちが現実と考えているこの世界は本当は，何らかの計略によってもたらされている夢のようなものではないのか．「培養槽の中の脳」という懐疑論的仮説はこれをより具体的に表現したものである．「培養槽の中の脳」とは，私たちは実は，身体から切り離され，神経の末端がコンピュータに接続され，様々な経験を持つように設定されて培養液の中に浮かんでいる脳であるという仮説である．それによれば，私たちの脳は，現実世界と一切の関係を断たれながら，コンピュータによって，すべてが平常通りだという幻覚・幻想を持たされている．この外的世界の懐疑論（以下「懐疑論」と略記）は，次のような懐疑論的論証として定式化することができる（以下，pとqは命題を表し，Kは知識オペレータを表す．この定式化では，pを，「私に手がある」という命題とし，qを，「私は培養槽の中の脳ではない」という命題と

2019年4月1日投稿，2020年9月1日再投稿，2021年4月1日再々投稿，
2021年7月31日審査終了

する).

   (1)  私は, qであることを知っている場合にのみ, pであることを知っている. (Kp→Kq)

   (2)  私は, qであることを知らない. (¬Kq)

   (3)  それゆえ, 私は, pであることを知らない. (¬Kp)

この懐疑論的論証の結論を拒否するための重要な議論として, 第1前提が偽であることを示す試みがなされている. 第1前提には, 「閉包原理 (closure principle)」が関わっている. 閉包原理とは次のような原理である.

   Kp∧K (p→q) →Kq

この原理を, 「培養槽の中の脳」の仮説に適用すれば, 次のようになる.

    もし私が, 「私に手がある」(p) を知っており, かつ, 「私に手があるということが, 私は培養槽の中の脳ではないということを含意する」(p→q) を知っているなら, 私は, 「私は培養槽の中の脳ではない」(q) を知っている.

ここで, 「私に手があるということが, 私は培養槽の中の脳ではないということを含意する」とは次のことを意味する. もし私に手があるならば, 「私に手がある」という命題は真であり, 私が培養槽の中の脳であるということはありえない. 言い換えると, もし私に手があるなら, 私は培養槽の中の脳ではない. したがって, 「私に手がある」という命題は, 「私は培養槽の中の脳ではない」という命題を含意する. ここで, この両命題間の含意関係 (p→q) を正しいとして主張するということは, この含意関係の成立を知っている (K (p→q)) と主張するということである. 以上から, 第1前提は, この閉包原理の適用例を含意することになる. すなわち, この閉包原理の適用例の否定は第1前提の不成立を示す. そこで, 第1前提を偽として否定するために, そもそもこの閉包原理が間違っていることを示すという方法が考えられている[1].

  本論文の構成は次の通りである. 第1節と第2節で, 閉包原理の反例に基づく懐疑論批判を取り上げて, 閉包原理が成り立たないことを示すことによって懐疑論的論証の結論を拒否するという戦略が妥当ではないことを論じる. 第3節で, 懐疑論が, 日常世界を超出しようとする拡張的思考の試みであることを明らかにする. 第4節で, 懐疑論的言明はナンセンスあるいは偽であるという批判に対する反論を通して, 懐疑論による拡張的思考におけるアナロジーとメタファーの役割を確認し, 懐疑論の可能性を示す.

## 1. ノージックの反懐疑論

R・ノージックは，閉包原理を批判する反懐疑論として興味深い議論を提示している．ノージックによれば，命題pが知識であるためには次の4つの条件を満たさなければならない（Sは認識主体を表す）．

(1) pは真である．

(2) Sは，pであると信じている．

(3) もしかりにpが真でないとしたならば，Sは，pであることを信じないであろう．

(4) もしかりに，現実とほんの少しだけ事情が変わっているにもかかわらず依然としてpが真であるような状況に置かれたとしても，Sは，pであると信じるであろう．

条件 (3) (4) は，「反事実的条件法 (counterfactual conditional)」を使って表現されている点に特徴がある．反事実的条件法とは，事実に反する仮定の下である事柄が成り立つであろうことを述べるための表現方法である．ノージックは，反事実的条件法を，「前件が成り立つ可能世界のうち現実世界に近接した可能世界のすべてにおいて後件が成り立つ」ということを表現するものと解釈している．すなわち，条件 (3) は，「現実世界ではpは真であるが，pが偽であるような可能世界のうち現実世界に近接したところにある可能世界のすべてにおいて，Sは，pであると信じていないだろう」ということを表している．一方，条件 (4) は，「pが真であり，現実世界とどこか異なっている可能世界のうち現実世界に近接したところにある可能世界のすべてにおいて，Sはpと信じるであろう」ということを表している[2]．

ノージックは，この知識の定義に基づいて，知識に関して閉包原理には反例があることを示そうとしている．その反例の1つがまさに，「培養槽の中の脳」というストーリーである．まず，私は，「私に手がある」(p) ということを知っている．理由は以下の通りである．私には手があり，さらに私には手があると私が信じているとする．その場合，私に手がないような可能世界のうち現実世界に近接したところにある可能世界（たとえば，私が，交通事故や戦争によって両手を失ってしまった可能世界）では，私は自分に手があるとは信じないであろう．したがって，条件 (3) は満たされている．次に，私に手があり，現実世界とどこか異なる可能世界のうち現実世界に近接したところにある可能世界（たとえば，私の手が，ピアニストのような美しい手である可能世界）においても，私はやはり自分に手があると信じるであろう．したがって，条件 (4) も満たされている．一方，私は，「私は培養槽の

中の脳ではない」(q) ということを知らない．なぜなら，条件 (3) が満たされないからである．「私が培養槽の中の脳であるという点で現実世界と異なる可能世界のうち現実世界に近接したところにあるすべての可能世界において，私は，私が培養槽の中の脳ではないと信じないであろう」が成り立たないのである．そのような可能世界のすべてにおいて，普段の生活をしているという幻覚・幻想を持つようにコンピュータによって設定されているなら，私は，自分が培養槽の中の脳ではないと依然として信じ続けるであろう．以上から，ノージックの知識の定義に基づくなら，pであることを知っていて，pからqが論理的に導き出されるのを知っているということを認めても，qを知っているということを認める必要はないということになる[3]．

　しかし，このノージックの知識論にはたとえば，事実に基づく次のような反論がある．1998年，アメリカ合衆国製版印刷局は，それまでの20ドル紙幣よりも偽造がずっと難しい特殊な加工を施した新しい20ドル紙幣を発行した．その新しい紙幣とそれ以前の紙幣の間にははっきりと分かる違いがあったが，一般の使用者は，偽造を防止するためになされた変更のほとんどを識別できなかった．また，これらの変更はとてもうまくいったので，新しい偽造紙幣は現れず，古い偽造紙幣のみが存在しており，またその古い偽造紙幣と古い本物の紙幣の違いを見分けることは一般の使用者にとって困難であった．ここで，「私は，本物の新しい20ドル紙幣を所持している」というい命題をp，「私は，本物の20ドル紙幣を所持している」という命題をqとする．そうすると，もしヘンリーが，本物の新しい20ドル紙幣を所持しており，一般的にそうであるように，少額の紙幣を使う際には偽造について意識に上らないとするなら，ノージックの知識の定義に従えば，ヘンリーはqを知らないということになる．なぜなら，ヘンリーは，自分が所持している20ドル紙幣が古い偽造20ドル紙幣だった (qが真でない) としても，qと信じるであろうからである (条件 (3) を満たさない)．一方，ヘンリーはpを知っている．なぜなら，ヘンリーが所持しているのが古い20ドル紙幣である (pが真でない) とするなら，ヘンリーはpとは信じないであろうからである (条件 (3) は満たされている．条件 (4) についても同様)．要するに，ヘンリーはpを知っているが，qを知らない．しかも，ヘンリーは，pからqが演繹されることを知っているであろう．よって，ノージックの知識の定義に従うならば，この事例は閉包原理の反例であるということになる．しかし，それは，私たちの日常の言語的直観に反しているように見える．普通は，ヘンリーはpを知っているのであるから，qも知っているということになろう[4]．

　このように，ノージックの知識論を適用すると「培養槽の中の脳」と同様

に閉包原理が否定される結果になる日常的な事例が存在し，しかもその結果は私たちの言語的直観に反するものである．したがって，ノージックの知識論は間違いであり，それに基づく閉包原理批判も間違いなのではないか．

これに対して，ノージックの反事実的条件法解釈からすれば，「培養槽の中の脳」のような事例の場合にはこうした反論を認める必要がないという主張があるかもしれない．すでに述べたように，ノージックは，知識の条件における反事実的条件法を，「前件が成り立つ可能世界のうち現実世界に近接した可能世界のすべてにおいて後件が成り立つ」ということを表現するものと解釈している．つまり，前件が成り立つ可能世界のうち現実世界から非常に遠く離れた可能世界において後件が成り立つかどうかは，この反事実的条件法が真かどうかに関わらない．この解釈に従えば，閉包原理（$Kp \wedge K(p \rightarrow q) \rightarrow Kq$）が成り立たないのは，命題pが偽である可能世界のうち現実世界に近接したところにある可能世界と，命題qが偽である可能世界のうち，現実世界に最も近いところにあるにもかかわらず現実世界から非常に遠く離れている可能世界とが組み合わされたケースである．この場合，ノージックの知識の定義から，pを知っていて，pがqを含意することを知っているとしても，qが偽である可能世界は現実世界からあまりにも離れすぎているため，qについてはノージックの条件 (3) が満たされないことになり，qを知らない．このケースに当てはまるのは，「培養槽の中の脳」のような状況が関わってくる場合である．そうすると，閉包原理の反例は，「培養槽の中の脳」などの，日常から非常に逸脱した懐疑論的仮説のストーリーに基づく特殊な事例であるということになる．

この考え方では，私たちが培養槽の中の脳である世界は，現実世界から非常に遠く離れ，日常から非常に逸脱した世界であると見なされている．しかし，「培養槽の中の脳」の懐疑論的仮説は，私たちは実際は培養槽の中の脳であり，現実だとするこの日常世界が実は，培養槽の中の脳が生み出している世界であるという主張であることを忘れてはならない．懐疑論者は，培養槽の中の脳がこの世界を生み出しているということがまさに現実ではないのかと問うているのである．こうした懐疑論に対して，私たちが培養槽の中の脳である世界が，現実世界から非常に遠く離れ，日常から非常に逸脱した世界であることをただ前提として議論するわけにはいかない．それを前提とすることの妥当性をまずもって証明する必要がある．それが証明されない限り，「培養槽の中の脳」のような事例だけを閉包原理の反例として認める根拠が示されたことにはならない．だが，それを証明することこそが問題なのである[5]．

以上のように，ノージックの閉包原理批判は袋小路に陥っているように見える．このことは，ノージックによる，懐疑論的論証の結論を回避する戦略が成功していないということを示している．

## 2. シマウマの事例

　ここで，閉包原理を否定する妥当な日常的事例が存在するという主張もありうる．たとえば，F・ドレツキは，次のような閉包原理の日常的反例を挙げている．

　あなたは自分の息子を動物園に連れていき，そこでシマウマを見つける．その動物は何かと息子に質問されたとき，あなたはシマウマだと答える．そのとき，あなたは，その動物がシマウマであることを知っていると言える．なぜなら，あなたは，そう言えるためのもっともな理由や証拠を持っているからである．すなわち，あなたは，シマウマがどのような外見をしているのかということ，そこが公共の動物園であるということ，その動物が「シマウマ」と書かれた檻の中にいるということ等々を知っている．それでは，あなたは，その動物が，シマウマに見えるように巧妙に偽装されたラバではないことを知っているのか．知らない．なぜなら，あなたは，その動物が，シマウマに見えるように巧妙に偽装されたラバではないと考えるうえでのもっともな理由や証拠を持っていないからである．つまり，あなたは，その動物がシマウマであることを知っているが，その動物が，シマウマに見えるように巧妙に偽装されたラバではないことを知ってはいないということになる．ところで，ある動物がシマウマであるということは，それが，シマウマに見えるように巧妙に偽装されたラバではないということを含意することをあなたは知っているだろう．したがって，ここで閉包原理は成立していない[6]．

　この事例における閉包原理批判のポイントは，ある動物が，シマウマに見えるように巧妙に偽装されたラバではないと考えるうえでのもっともな理由や証拠が欠如しているということである．この考え方に従えば，「あなたは，ある動物がシマウマであることを知っているが，その動物が，シマウマに見えるように巧妙に偽装されたラバではないことを知らない」と主張できるということになる．しかし，こうした主張もまた，私たちの日常言語の実践において受け入れがたいように思われる．なぜなら，その主張は，「その動物は本物のシマウマである」ことを知っているにもかかわらず，「その動物は，本物のシマウマに似せてシマウマに見えるように巧妙に偽装されたラバではない」ことを知らないということを意味しているからである．

　そこで，この事例を理解する試みとして，たとえば，その動物が，シマウ

マに見えるように巧妙に偽装されたラバではないと考えるうえでのもっともな理由や証拠が存在すると論じるというやり方がある．J・ヴォーゲルは，理由や根拠として，ある動物が，シマウマに見えるように巧妙に偽装されたラバではないと考えるうえでの「背景的知識」が存在すると主張している．この場合,「背景的知識」とは，動物園の特性や機能についての情報である[7].

　あるいは，ある動物が，シマウマに見えるように巧妙に偽装されたラバではないと考えるうえでのもっともな理由や証拠がないにもかかわらず，あなたは，その動物が，シマウマに見えるように巧妙に偽装されたラバではないことを知っていると論じるというやり方がある．私たちは，通常の状況において当然とされていることを知っている．すなわち，通常の状況においてあなたは，その動物が，シマウマに見えるように巧妙に偽装されたラバではないことを知っている．それは当然のことであり，そうした知識を持つための理由や証拠は必要ではない[8].

　しかし，次のように論じることもできるだろう．通常は，ある動物を見て，「それはシマウマである」と判断できるということは，「それはシマウマである」という言明の関連する代替可能性，たとえば，「それは馬である」や「それはロバである」といった可能性を排除できるということであり，その言明の代替可能性のすべてを排除できなければならないわけではない．その動物は，シマウマに見えるように巧妙に偽装されたラバであるという可能性はまさに，その言明の関連する代替可能性ではなく，思いも寄らない代替可能性である．J・L・オースティンによれば，その動物は，シマウマに見えるように巧妙に偽装されたラバではないかと疑うためには，それが本物ではないと「示唆する理由」と，具体的にどういう点において疑わしいのかを指し示す「特別な理由」が必要である[9].通常は，そのような理由は存在せず，「私は，その動物が，シマウマに見えるように巧妙に偽装されたラバであることを知っている」という発言は，それを耳にする人たちにとって思いも寄らない，極めて奇妙で法外なものであろう．これは，「その動物は，シマウマに見えるように巧妙に偽装されたラバである」という言明について知っているかどうかは通常の会話においてそもそも問題とならないということを示している．要するに，この言明は，「知っている／知らない」という言葉の適用範囲外にある．このことは，「その動物は，シマウマに見えるように巧妙に偽装されたラバではない」という言明についても当てはまる．その動物が，シマウマに見えるように巧妙に偽装されたラバではないということは思いも寄らないことであり，「知っている／知らない」という言葉の適用範囲外のことであると言えるのであるから，その動物がシマウマであると

いうことは，それが，シマウマに見えるように巧妙に偽装されたラバではないということを含意するということも思いも寄らないことであり，「知っている／知らない」という言葉の適用範囲外のことであるということになる．つまり，この事例では閉包原理はまったく想定外であるのだから，「閉包原理は成立している／成立していない」という発言もまったく問題外のことである．

　以上から，いずれにしても，シマウマの事例は閉包原理の反例であるとは言えない．さらに，この事例は，一般的な日常的事例の典型と見ることができる．これまでの考察から，閉包原理を否定することによって懐疑論的論証の結論を拒否するという反懐疑論的戦略は妥当でないという結論を引き出しておく[10]．

### 3. 懐疑論者は何をしようとしているのか

　シマウマの事例では，閉包原理が否定されているわけではないが，それでも，「あなたは，その動物がシマウマであることを知っている」という言明を認めることができるのであるから，その言明を否定する懐疑論は回避できているように見える．しかし，話にはまだ先があり，懐疑論を拒否するための閉包原理の反例としてしばしば取り上げられるこの事例が逆に，懐疑論の可能性について重要な示唆を与えてくれる．この点について明らかにするために，次のようにシマウマの事例を修正する．

　あなたは自分の息子を動物園に連れていき，そこでシマウマを見つける．ところが，実は，ある大学の秘密クラブが時々，その動物園のシマウマを連れ去って，代わりに，シマウマに見えるように巧妙に偽装されたラバを残しておくというようないたずらをしている．このいたずらは非常に巧みに行われており，これまで看破されたことはない．あなたが今見ているシマウマは実は，その秘密クラブが残していった，シマウマに見えるように巧妙に偽装されたラバなのである．その秘密クラブのメンバーの1人があなたと息子に近づいてきて，あなたに，あれは何という動物か知っているかと聞いてくる．あなたは知っていると言い，その動物はシマウマであると答える[11]．

　この問題を，あなたの観点から見るならば，通常そうであるように，そのようないたずらは思いも寄らないことであるので，あなたは，その動物がシマウマであることを知っていると考えてよいであろう．たとえば，前節の後半で述べたように，通常は，それが本物ではないと「示唆する理由」も，偽物を疑わせる具体的な点を示す「特別な理由」もないのであるから，あなたは，その動物がシマウマであることを知っていると言ってよいということに

なるであろう.

　しかし, 秘密クラブのメンバーである人物の観点からこの問題を見ると次のようになる. そのいたずらはうまく行われているのであるから, もしあなたが, 「私は, その動物が, シマウマに見えるように巧妙に偽装されたラバではないことを知っている」と主張するなら, その人物はあなたのその主張を認めることはできないであろう. そして, その動物はシマウマではないのだから, 「私は, その動物がシマウマであることを知っている」というあなたの主張も認めることができないであろう. 結局, その人物は, この場合真相は次のようであると主張するであろう. あなたは本当は, その動物が, シマウマに見えるように巧妙に偽装されたラバではないことを知らない. したがって, 閉包原理に従うかたちで, あなたは本当は, その動物がシマウマであることを知らない.

　ここで, あなたの観点と, 秘密クラブのメンバーの観点との対照性に着目したい. あなたの観点からするなら, あなたは, その動物がシマウマであることを知っている. 秘密クラブのメンバーの観点からするなら, あなたは本当は, その動物がシマウマであることを知らない. この対照性は重要である.

　B・ストラウドは, これと類似した次のような事例を挙げている. 戦時中に, 飛行機監視兵は, 飛行機を特定できるように, 様々な飛行機を区別する特徴とそれを認識する方法について訓練を受けなければならない. 飛行機を特定するためのマニュアルがあり, そのマニュアルから飛行機監視兵はたとえば, 次のようなことを学ぶ. すなわち, もし飛行機がx, y, wという特徴を持っていたなら, それは, Eという種類の飛行機であり, もしx, y, zという特徴を持っていたなら, それは, Fという種類の飛行機である. 十分に訓練を積んだ有能な飛行機監視兵は, 上空の飛行機について, xとyの特徴しか確認していない段階では, それがFであると判断しないであろう. その飛行機がzという特徴も備えていることを見出した時点ではじめて, 上空の飛行機はFであると彼は報告することができる. ここで, あなたは, 本当は, Gという種類の飛行機もx, y, zという特徴を備えているという追加情報を入手しているとする. この情報は飛行機監視兵には一切伝えられていない. なぜなら, Gについての情報を与えないほうが実践上の目的にとって適切であるからである. たとえば, Gという飛行機には危険性がないため, Gという飛行機の存在を伏せておいたほうが飛行機の監視という任務を滞りなく遂行できる. つまり, 飛行機監視兵は, x, y, zの特徴を持った飛行機がGである可能性を排除することを要求されないのである. 私たちは, 飛行機監視兵は,

x, y, zの特徴を持った飛行機がFであることを関連する実践上の目的からして知っているということを認めることができる．しかし，それでも，あなたは，飛行機がFであることを飛行機監視兵は本当は知らない，すなわち，それがFであることを彼が知っているということは正しくないと考えるであろう[12].

　飛行機監視兵とあなたの間には次のような対照性がある．飛行機監視兵の観点からすると，彼は，飛行機の特徴xとyを認識しただけの段階では飛行機がFであることをまだ知らないが，特徴x, y, zを確認して，飛行機はFであると判断した段階では，飛行機がFであると知っているということになる．彼にとって，飛行機がGである可能性は問題外のことである．これに対して，あなたの観点からすると，飛行機監視兵が見ている飛行機がx, y, zの特徴を備えているとしても，それは本当はGなのかもしれないのであるから，飛行機監視兵は，その飛行機がFであることを知らないということになる．飛行機監視兵は，飛行機がGではないことを知らないのであるから，彼は本当は，その飛行機がFであることも知らないのである．ここでは閉包原理は成立している．

　この事例における飛行機監視兵とあなたの対照性は，シマウマの修正事例におけるあなたと秘密クラブのメンバーの対照性とアナロジーを有している．ただし，この飛行機監視兵の事例は日常性という点においてシマウマの修正事例と比べてより自然であり，前者の対照性を認めるなら，そのアナロジーから，後者の対照性を認めることが容易となる．以下，飛行機監視兵の事例を基に懐疑論の可能性について論じていく．

　ストラウドは，2つの対照性のアナロジーを指摘しながら懐疑論の可能性を示している．2つの対照性とは，この事例に見られる，飛行機監視兵の観点と真実を知っているあなたの観点の対照性と，日常世界における私たちの観点と懐疑論者の観点の対照性である．飛行機監視兵の観点と日常世界における私たちの観点が同類であり，真実を知っているあなたの観点と懐疑論者の観点が同類である．後者の対照性は，前者の対照性とのアナロジーを通して理解することができる．懐疑論者は，日常世界における私たちの立場を飛行機監視兵の立場と類比的にとらえて，真実を知っているあなたが飛行機監視兵を見るかのように，日常世界における私たちを見ている．言い換えると，飛行機監視兵が置かれている状況の内部にいる話者は，飛行機監視兵は，その飛行機がFであることを知っていると言えるのに対して，あなたは，その状況から距離を置いた外的な観点から，飛行機監視兵は本当は，その飛行機がFであることを知らないと考える．これと同様に，私たちが置か

れている日常世界という状況の内部の観点から，私たちは，外的世界につい
て様々なことを知っていると言えるが，懐疑論者は，この状況から距離を置
いた外的な観点から，私たちは本当は，外的世界について何も知らないとい
う懐疑論的結論を引き出しているのである[13].

　しかし，私の考えでは，この2つの対照性にアナロジーがあると単純には
言えない．飛行機監視兵の観点と真実を知っているあなたの観点の対照性
は，私たちの日常世界における対照性である．もしあなたが飛行機監視兵
に，Gの機種についての情報を与えるならば，彼もまた，飛行機にx, y, zの
特徴があるだけでは，その飛行機がFであると断定するには不十分であるこ
とを理解して，その飛行機がFなのか，それともGなのかについて自分は知
らないということに同意するであろう．そうしたやり取りはあくまでも，私
たちの日常世界において行われるやり取りであり，私たちの日常世界の内部
におけるやり取りである．一方，日常世界における私たちの観点と懐疑論者
の観点の対照性では，私たちの日常世界の内部における対比が考えられてい
るのではない．懐疑論者は，この日常世界の内部の視点から私たちに挑戦し
ようとしているのではない．

　それでは，懐疑論者の意図はどこにあるのだろうか．飛行機監視兵の事例
においてあなたは，飛行機監視兵がいる文脈の外部に立っていると言える．
あなたは，その外部の立場から，飛行機監視兵は飛行機がFであることを本
当は知らないと発言することができる．それと類比的に，懐疑論者は，私た
ちの日常世界を超えた外部の立場から日常世界について考え，私たちは外的
事物について本当は何も知らないということを日常言語によって語ろうとし
ていると理解することができる．ただし，そこでは，飛行機監視兵の事例
（そして，シマウマの修正事例）で見られるような，日常世界の内部での文
脈の相違，すなわち，あくまでも日常世界でのある文脈（飛行機監視兵の文
脈）における発言が，その文脈の外部に立った別の文脈（あなたの文脈）か
ら見ると間違っているといったことが問題なのではない．ここでの対照性と
は，日常世界の内部という同一レベルでの平行的対照性といったことではな
く，日常世界の内部とその外部のいわば垂直的対照性ということなのであ
る．ストラウドは単純に，飛行機監視兵の観点と真実を知っているあなたの
観点の対照性と，私たちの観点と懐疑論者の観点の対照性にアナロジーを見
ているように思われる．しかし，外的世界の懐疑論は，平行的対照性と垂直
的対照性のアナロジーに依りながら，懐疑論的仮説に見られるように，私た
ちの日常世界全体をそっくり一挙にひっくり返すような立場，言い換える
と，日常世界全体を見渡して日常世界全体について判断することを可能とす

るような日常世界の外部へと超出した立場から，この日常世界について何が言えるのかを日常言語によって語ろうとするような拡張的思考の試みとして理解することができるのである．次に，この拡張的思考の試みがどのようなものかについてより具体的に述べていく．

## 4. アナロジーとメタファーによる思考の拡張

　懐疑論による拡張的思考の試みの内実について，懐疑論に対する批判に反論するかたちで明らかにしていこう．本論では，懐疑論に対する批判として，懐疑論的言明はナンセンスであるという主張と，懐疑論的言明は偽であるという主張を取り上げる．まず，前者から論じていく．

　「ナンセンス (nonsense)」という言葉にはいくつかの意味がある．その意味を次のように区別しておく[14].

- (a) 馴染みのある構文，語彙，範疇区分あるいは意味論的妥当性をなんら伴っておらず，ちんぷんかんぷんで理解できない．たとえば，「かとんせしんとなとか」といった文である．
- (b) 馴染みのある構文を表すのに十分馴染みのある要素を伴っているが，馴染みのない語彙が使われている．たとえば，「すべての遠がなちんは自都だんであった」といった文である．
- (c) 馴染みのある語彙を伴っているが，文法的に正しくない．たとえば，「跳ぶ消化しやすい尺度下に」といった文である．
- (d) 意味論的に不適切である．たとえば，結婚式の最中というような不適切な文脈において司会者によって発せられた「籠池氏は真実を述べている」といった文である．
- (e) 範疇誤認の語を含むが，文法的に正しい．たとえば，「タマは夫婦である」といった文である．

　「私は培養槽の中の脳である」といった懐疑論的言明は，(a) 〜 (c) の種類には属さない．この懐疑論的言明では，馴染みのない語彙が使われているわけではないし，文法的に間違っているわけでもない．また，まったく意味不明というわけではなく，私たちはこの懐疑論的言明の意味を理解できている．

　(d) の種類の文は，適切な文脈で発話されるなら当然有意味な文である．この場合，適切な文脈で発話されるとは，日常言語における他の有意味な文との適切なつながりの下で発話されるということである．「籠池氏は真実を述べている」という文はたとえば，国会の証人喚問の場において籠池氏に質問している文脈で有意味に発話することができる．一方，(e) の種類の文の

例として挙げた「タマは夫婦である」という文では，「タマ」という固有名に「夫婦である」という関係語が結合されており，語彙結合の規則に反しているため，意味不明な文となっている．これ以外に，たとえば，「ウィトゲンシュタインは3の倍数である」という文が考えられる．この文では，「ウィトゲンシュタイン」という固有名に「3の倍数である」という性質語が結合されている．この場合，固有名に性質語が結合されている点は問題ないが，「ウィトゲンシュタイン」といった固有名に「3の倍数である」といった性質語を結合することは意味的に許されない．しかし，(e) の種類の文もまた，適切な文脈で発話されるなら有意味な文となることがある．「この水は今，精を出して働いている」という文を考えてみる．一見，この文もまた，意味不明な文のようである．しかし，ここで，メタファー的表現が使われていると考えることができる．メタファー的表現が適切な文脈において有効に働いているとき，その文は有意味な文となる．つまり，「この水は今，精を出して働いている」という文はたとえば，洗濯機で洗濯しているときに，洗濯機の中を覗いて洗濯水の様子を文学的に表現するという文脈で有意味に発話することができるのである．懐疑論的言明は，この (d) と (e) の種類の文に近いように思われる．

　ここで，「培養槽の中の脳」という懐疑論的仮説に変更を加えて3つのストーリーを設定する[15]．

　(1) 私は昨夜突然，京都の自宅から邪悪な科学者によって拉致され，身体から脳だけが取り出されて，培養槽の中に入れられている．脳の神経はコンピュータにつながれ，私は，そのコンピュータによって管理されている．私は，拉致と脳摘出に関わる記憶だけは消去されているが，その他の記憶はすべて保持されていて，これまで通りにすべてが平常通りであるかのような幻覚・幻想をいだきながら培養槽の中に浮かんでいる．

　(2) 地球という惑星があって，そこで人類という動物は高度な文明を築いて繁栄していたが，人口の爆発的増加のため数年前に，ケンタウルス座アルファ星に移住を開始した．その星は，人類の生存には適さない厳しい条件の下にあったので，科学者Xは，移住者全員を脳だけの状態にして，巨大な培養槽の中でその脳たちを培養することにした．培養槽の中の脳である私たちは，脳の神経につながったコンピュータによって管理され，記憶の書き換えによって，まるで今の状況が実際の状況であり，すべてが平常通りであるかのような幻覚・幻想をいだきながら培養槽の中に浮かんでいる．

(3) すべての人間が，生まれながらにして培養槽の中の脳であり，脳と培養槽を管理する自動機構が存在している．私は，自動機構によって，私には身体があり，地球に住んでいるといった幻覚・幻想をいだいている．自動機構には，知性的な創造者や設計者は存在しない．自動機構は，何らかの宇宙的な巡り合わせか偶然の一致かによって存在するようになったのであり，これまでずっと存在していたのである．

　これら (1) ～ (3) のストーリーは，懐疑論の「培養槽の中の脳」という仮説に関して，より日常的で理解しやすいものからそうでないものへという順番になっている．ストーリー (3) は，日常性をできる限り排除した想定の一例として設定されている．日常世界全体の超出という点からするなら，ストーリー (3) が，「培養槽の中の脳」の仮説の本来の想定となろう．次に，これら 3 つのストーリーは有意味であると言えるかどうかを見ていく．

　まず，ストーリー (1) では，私は昨夜までは身体を持った人間として生活していたので，「培養槽」や「脳」等々の言葉と現実の培養槽や脳等々の間には因果的に関係があったのであり，それらの言葉は培養槽や脳を指示していたと考えることができる．その点に鑑みると，現在の私も，「培養槽の中の脳」という言葉で培養槽の中の脳を指示していると考えることができるのではないか．もしそうなら，このストーリーでは，日常言語により文脈の設定が行われているということになる．それに加えて，このストーリーについては，ナンセンス (d) 型の文の文脈設定とのアナロジーを通して文脈が設定されていると捉えることによって，「私は培養槽の中の脳である」という文がより理解しやすいものとなるだろう．

　次に，ストーリー (2) では，私たちは数年前までは地球上で生活していたとなっている．よって，時間や場所のスケールの相違はあるが，ストーリー (1) と同様に，現在も「培養槽」や「脳」等々の言葉は培養槽や脳等々を指示していると考えることができる．ただし，ストーリー (1) とストーリー (2) を比べたとき，「私は培養槽の中の脳である」という文に関して，ストーリー (1) のほうが日常性という点からするとより自然な文脈設定である．ストーリー (2) は，このより自然な (1) のようなストーリーとのアナロジーを通して見ることによってよりよく理解できる．以上の意味で，ストーリー (1) の有意味性を認めることができるなら，ストーリー (2) の有意味性も認めることができる．

　最後に，ストーリー (3) では，私たちは，生まれながらにして培養槽の中の脳であり，このような状況はずっと昔から続いていたという設定がなされている．そうすると，より正確にはストーリー (3) は，メタファー的表現を

利用した文脈設定がなされたものであると言える．つまり，「私は培養槽の中の脳である」という文は，「私は培養槽の中の脳である」ということではなく，「私は，培養槽のようなものの中の脳のようなものである」ということを意味しているということになる．こうして，ストーリー (3) は，メタファー的表現と，ナンセンス (e) 型の文の文脈設定とのアナロジーを通して，「私は培養槽の中の脳である」という文の有意味を示そうとしていると理解できる．それに加えて，ストーリー (1) (2) のほうがより自然な文脈設定であるが，そのストーリー (1) (2) の文脈設定とストーリー (3) の文脈設定の間にアナロジーを見ることができる．以上の意味で，ストーリー (1) (2) の有意味性を認めることができるなら，ストーリー (3) の有意味性も認めることができることになる．

このように，アナロジーとメタファーを利用した文脈設定による思考の拡張を有意味なものとして認めることができるのではないだろうか．そうだとするなら，懐疑論的言明は完全にナンセンスであるというわけではない，ということになる．

次に，懐疑論的言明は偽であるという主張を吟味する．ここでは，パトナムの反懐疑論を取り上げる．パトナムは次のように論じている．

　　　「同じ議論によって，『培養槽』は，培養槽－日本語において，イメージ中の培養槽あるいは何か関連するもの（電子工学的インパルスまたはプログラムの特質）を指示しているが，本物の培養槽を指示していないことは確かである．なぜなら，培養槽－日本語における『培養槽』の使用は本物の培養槽といかなる因果的結合も有さないからである……．同様に，『培養液』は，培養槽－日本語においては，イメージ中の液あるいは何か関連するもの（電子工学的インパルスまたはプログラムの特質）を指示している．ここで次のことが帰結する．もし脳たちの『可能世界』が本当に現実の世界であって，私たちが本当に培養槽の中の脳であるならば，そのとき私たちが，『私たちは培養槽の中の脳である』で意味しているのは（いやしくも何かを意味しているのだとすれば），私たちはイメージ中の培養槽の中の脳であるということ，あるいは何かその種のものであるということである．しかし，私たちが培養槽の中の脳だという仮説の一部には，私たちがイメージ中の培養槽の中の脳ではないということが含まれている……．したがって，もし私たちが培養槽の中の脳であるならば，そのとき『私たちは培養槽の中の脳である』という文は，（それが何かを言っているのだとすれば）何か偽であることを言っているのである．要するに，もし私たちが培養槽の中の脳であるな

らば，そのとき『私たちは培養槽の中の脳である』は偽である．した
がって，これは（必然的に）偽である．」[16]
　ここで述べられている批判は一般的に，次のような論証として解釈される．
　(1)「私は培養槽の中の脳である．」（懐疑論的前提）
　(2) もし私が培養槽の中の脳であるとするならば，私は単にイメージ中
　　の培養槽の中の脳ではない．
　(3) もし私が培養槽の中の脳であるならば，「私は培養槽の中の脳であ
　　る」という文は，私はイメージ中の培養槽の中の脳であるということ
　　を意味する．
　(4) したがって，もし私が培養槽の中の脳であるならば，「私は培養槽
　　の中の脳である」という文は何か偽であることを言っている．
　(5) もし「私は培養槽の中の脳である」という文が何か偽であることを
　　言っているなら，私は培養槽の中の脳ではない．
　(6) したがって，もし私が培養槽の中の脳であるならば，私は培養槽の
　　中の脳ではない．（(4)と(5)から）
　(7) したがって，私は培養槽の中の脳ではない．（(1)と矛盾）
　(8) したがって，「私は培養槽の中の脳である」，ではない．
　(9) したがって，「私は培養槽の中の脳である」という文は偽である．
　しかし，この論証は妥当でないように見える．その理由は次の通りであ
る．(4)において，「私は培養槽の中の脳である」という文が何か偽である
ことを言っていると主張されている．その根拠は，もし私が培養槽の中の脳
であるならば，この文は，「私はイメージ中の培養槽の中の脳である」とい
うことを意味していることになるが（(3)），もし私が培養槽の中の脳である
ならば，私は単にイメージ中の培養槽の中の脳ではない（(2)）という点に
ある．つまり，この文は，私は培養槽の中の脳であるにもかかわらず，「私
はイメージ中の培養槽の中の脳である」ということを意味してしまうのであ
るから，この文は，何か偽なことを言ってる文であると主張されているので
ある．ここで重要なのは，この文は，培養槽の中の脳が使用している文，い
わば「培養槽−日本語」による文であるということである．要するに，この
文が偽であるのは，私の脳がイメージ中の脳ではないからである．これは，
この文が偽であるということは，「私は培養槽の中の脳ではない」というこ
とを含意しないということを示している．したがって，(4)の妥当性を主張
することは(5)を否定することである．よって，この論証は成り立たない[17]．
　ところが，問題はこれで終わりではない．パトナムは次のようにも述べて
いるのである．

「もし私たちがこのように培養槽の中の脳であるならば，私たちは，私たちがそうした脳なのだと言ったり考えたりできるだろうか．

『いや，できないだろう』というのが答えだと論じるつもりである．……それは決して真実ではありえない．なぜなら，それはある仕方で自己論駁的だからである．」[18]

「『自己論駁的な想定』とは，それが真であることが，それ自身が偽であることを含意するものである．」[19]

「とりわけ，彼ら〔培養槽の中の脳である人たち〕は，自分たちが培養槽の中の脳であると考えたり言ったりできない（『私たちは培養槽の中の脳である』と考えることによってさえもできない）．」[20]

これらの引用文と先の引用文を併せて考慮するなら，パトナムの批判には別の解釈も可能である．最後に，本論の立場からこの解釈を取り上げる．パトナムの批判は次のような論証として解釈できる．

(1) 「私は培養槽の中の脳である．」（懐疑論的前提）

(2) もし私が培養槽の中の脳であると想定するならば，私はイメージ中の培養槽の中の脳ではない．

(3) もし私が培養槽の中の脳であると想定するならば，「私は培養槽の中の脳である」という文は，私はイメージ中の培養槽の中の脳であるということを意味してしまう．

(4) したがって，もし私が培養槽の中の脳であると想定するならば，「私は培養槽の中の脳である」という文は偽となってしまう．

(5) したがって，「私は培養槽の中の脳である」と考えたり言ったりできない．

この論証によれば，懐疑論的仮説を述べると，それはどうしても偽なことを述べることになってしまい，「私は培養槽の中の脳である」と語ることができない．つまり，懐疑論者は，自分が主張したいことを主張できないということになる．

ここで，「培養槽の中の脳」という懐疑論的仮説はメタファー的な表現方法にすぎないという点を思い起こす必要がある．「培養槽」，「脳」，「プログラム」といった語は私たちの日常言語に属するものであり，そのような語によって言及されるものがこの日常世界に存在していると考えられている．これに対して懐疑論者は，この日常世界は実は，「プログラムのようなもの」によって管理された「培養槽の中の脳のようなもの」が見ている「夢のようなもの」ではないのかと比喩的に主張していると解釈できる．日常世界に存在するものに言及する言葉をできる限り使わないように想定をより徹底すれ

ば，デカルトが想定したように，この日常世界は実は，悪しき霊のようなものの計略によってもたらされている夢のようなものではないのか，となる．要するに，すでに指摘したように，懐疑論は，日常言語のメタファーを利用して，日常世界を超出した立場から日常世界について語ろうとする拡張的思考の試みであると理解できるのである．

　この考え方に従えば，「私は培養槽の中の脳である」という文を発話したとき，たとえ「培養槽の中の脳」と発話することでイメージ中の培養槽の脳に言及して，それについて語ってしまっているとしても，その文が意味しているのは，「私はイメージ中の培養槽の中の脳である」ということではなく，「私は，そうした培養槽の中の脳のようなものとして存在している」ということである．結局，懐疑論的仮説における「私は培養槽の中の脳である」という文はメタファーとして，「私は培養槽の中の脳のようなものである」というような意味で発話されているのである．「私は培養槽の中の脳である」という文は，そのような意味で発話されているかぎり必ずしも偽であるわけではない．

## おわりに

　外的世界の懐疑論の言明は，アナロジーならびにメタファーという視点からすると，必ずしもナンセンスであるわけでもなく，偽であるわけでもないということが見えてくる．このように，アナロジーやメタファーといった表現方法の利用によって日常世界全体を超出しようとする拡張的思考の試みとして外的世界の懐疑論を理解することができるわけである．そこで，そうした理解が可能であるとするなら，外的世界の懐疑論を，まったくのばかげた妄想であるとして切り捨ててしまうわけにはいかないということになるだろう．かくして，本論の論述が示してきたように，外的世界の懐疑論を，アナロジーやメタファーといった表現方法を利用しながら思考の拡張を試みているものとして捉えることによって，その可能性はより見て取りやすくなったと言える[21]．

## 注

1. ここで定式化された懐疑論的論証と，第1前提と閉包原理の関係については，Hazlett (2014), pp. 80-82, 91-92, 127-129を参考にした．
2. ノージックの知識の4条件については，Nozick (1981), pp. 172-178を参照せよ．
3. Cf. Nozick (1981), pp. 204-208, 戸田山 (2002), pp. 138-139, 141-143.
4. Cf. Kripke (2011), p. 186 (n. 43). ただし，理解しやすいように修正・補足をし

ている．その他，本文の事例よりも日常的ではないが，それでも実際にありうる事例について，Hawthorne (2004), p. 42, Kripke (2011), pp. 185-186 を参照せよ．

5. ノージックの主張に対するその他の批判については次を参照せよ．DeRose (1995), p. 201, Dancy (1985), p. 45, 神山 (2015), pp. 187-189. M・ヘラーはノージックを擁護しているが，成功しているようには見えない (cf. Heller (1999), pp. 203-204)．

6. Cf. Dretske (1970), pp. 138-139. ただし，理解しやすいように修正・補足をした．

7. Cf. Vogel (1990), p. 14. また，Hazlett (2014), p. 136 を参照せよ．

8. Cf. Stine (1976), pp. 152-153.

9. オースティンは，「関連する代替可能性」，「示唆する理由」，「特別な理由」について論じており，「思いも寄らない可能性」について示唆している．Cf. Austin (1946), pp. 82-84, 87, 98, 112-113, Austin (1962), pp. 71-72.

10. 第1節では，ノージックの知識論に従えば20ドル紙幣の事例は閉包原理の反例となるが，それは日常の言語的直観に反するため認められないと論じた．それは，ノージックの閉包原理批判に対する間接的な反論であった．一方，第2節では，閉包原理の反例としてしばしば言及されるシマウマの事例を取り上げ，その事例が閉包原理の反例ではないことを示した．それは，閉包原理批判への直接的な反論であった．本論では，2つの方向から，閉包原理の批判に対して反論した．

11. ヴォーゲルが，論文の注において同様の事例について触れているが，その重要性については指摘していない．なお，本論の論述に適合するように修正・補足をした．Cf. Vogel (1990), p. 26 (n. 12).

12. Cf. Stroud (1984), pp. 67-69. ただし，分かりやすくするために修正・補足をした．

13. Cf. ibid., pp. 67-82.

14. Cf. Hamilton (2014), p. 249. ただし，本論に合わせて若干修正してある．

15. Cf. Putnam (1981), pp. 5-6, 12.

16. Ibid., pp. 14-15. 傍点を付した文字は原文ではイタリック体である．訳出に際しては，邦訳がある場合はそれを参考とした．以下同様．

17. Cf. McIntyre (1984), pp. 60-61. その他，次を参照せよ．Brueckner (1986), pp. 150-151, Nagel (1986), pp. 71-74, Wright (1994), p. 221.

18. Putnam (1981), p. 7.

19. Ibid.

20. Ibid., p. 8. 〔 〕内は，引用者による補足である．

21. アナロジーやメタファーという表現方法は，私たちが日常の言語活動を行う際に利用するものであり，私たちは日常においてこうした表現方法により思考の拡張を行っている．このことから，私たちは，懐疑論が拡張的思考としてや

ろうとしていることを理解することができるのであろう．しかし，懐疑論的な拡張的思考のためにアナロジーやメタファーを使うというやり方は，普段の私たちにとって馴染みのものではない．普通私たちは，アナロジーやメタファーを使って懐疑論的な拡張的思考を行おうとは思わないし，そのような拡張的思考が問題となることもないであろう．本論において論じてきた拡張的思考は，外的世界の懐疑論に特徴的なものであり，その懐疑論に固有な哲学的思考であると言えよう．

## 参考文献

Austin, John Langshaw (1946): "Other Minds," *Proceedings of the Aristotelian Society*, 20, pp. 149-187, reprinted in his *Philosophical Papers*, Third Edition, Oxford University Press, 1979, pp. 76-116（J・L・オースティン『オースティン哲学論文集』，坂本百大 監訳，その他 訳，勁草書房，1991年）.

——— (1962): *Sense and Sensibilia*, reconstructed from the manuscript notes by G. J. Warnock, Oxford University Press（J・L・オースティン『知覚の言語』，丹治信春／守屋唱進 訳，勁草書房，1984年）.

Brueckner, Anthony L. (1986): "Brains in a Vat," *Journal of Philosophy*, 83, pp. 148-167.

Dancy, Jonathan (1985): *An Introduction to Contemporary Epistemology*, Blackwell Publishing.

DeRose, Keith (1995): "Solving the Skeptical Problem," *Philosophical Review*, 104, pp. 1-52, reprinted in DeRose and Warfield (1999), pp. 183-219.

DeRose, Keith and Warfield, Ted A. (eds.) (1999): *Skepticism: A Contemporary Reader*, Oxford University Press.

Dretske, Fred (1970): "Epistemic Operators," *Journal of Philosophy*, 67, pp. 1007-1023, reprinted in DeRose and Warfield (1999), pp. 131-144.

Hamilton, Andy (2014): *Wittgenstein and On Certainty*, Routledge.

Hawthorne, John (2004): *Knowledge and Lotteries*, Oxford University Press.

Hazlett, Allan (2014): *A Critical Introduction to Skepticism*, Bloomsbury.

Heller, Mark (1999): "Relevant Alternatives and Closure," *Australasian Journal of Philosophy*, 77, pp. 196-208.

神山和好 (2015)：『懐疑と確実性』，春秋社.

Kripke, Saul (2011): "Nozick on Knowledge," in *Philosophical Troubles: Collected Papers*, Volume 1, Oxford University Press, pp. 162-224.

McIntyre, Jane (1984): "Putnam's Brains," *Analysis*, 44, pp. 59-61.

Nagel, Thomas (1986): *The View from Nowhere*, Oxford University Press（トマス・ネーゲル『どこでもないところからの眺め』，中村昇／その他 訳，春秋社，2009年）.

Nozick, Robert (1981): *Philosophical Explanations*, Harvard University Press（ロバート・ノージック『考えることを考える 上』, 坂本百大／その他 訳, 1997年）.

Putnam, Hilary (1981): *Reason, Truth and History*, Cambridge University Press（ヒラリー・パトナム『理性・真理・歴史——内在的実在論の展開』, 野本和幸／その他 訳, 法政大学出版局, 1994年）.

Stine, Gail (1976): "Skepticism, Relevant Alternatives, and Deductive Closure," *Philosophical Studies*, 29, pp. 249-261, reprinted in DeRose and Warfield (1999), pp. 145-155.

Stroud, Barry (1984): *The Significance of Philosophical Scepticism*, Oxford University Press（バリー・ストラウド『君はいま夢を見ていないとどうして言えるのか——哲学的懐疑論の意義』, 永井均 監訳, その他 訳, 春秋社, 2006年）.

戸田山和久 (2002):『知識の哲学』, 産業図書.

Vogel, Jonathan (1990): "Are There Counterexamples to the Closure Principle?," in Michael D. Roth and Glenn Ross (eds.), *Doubting: Contemporary Perspectives on Skepticism*, Kluwer Academic Publishers, pp. 13-27.

Wright, Crispin (1994): "On Putnam's Proof that We Are Not Brains in a Vat," in Peter Clark and Bob Hale (eds.), *Reading Putnam*, Blackwell, pp. 216-241.

（北里大学）

自由応募論文

# 数学と変数 – 独立変数と従属変数

竹内　泉

**Abstract**

This study discusses the usages of independent and dependent variables. Independent variables are used in two ways: to denote the input to a function and to define a function. Correspondingly, dependent variables are used to hold the output of a function and to describe the relationship between the inputs and outputs of a function. When translating independent variables and dependent variables of mathematics into predicate logic, mathematical variables are mapped onto both variables and function symbols of predicate logic.

## 1 序

　変数の使用は数学に特有である．変数が使用されていることは，他の言語と比べた際に数学の言語の特徴となっている．本研究は，数学の言語哲学として，変数の使用を分析する．

　数学の中の変数の使用は文献 [1, 2, 3] で議論されている．本研究では以下のように分類する．

・恒等式の中の文字
・方程式の中の未知数
・多項式論の中の変数と命題変数
・座標変数と確率変数
・独立変数と従属変数
・自由変数と束縛変数
・統計学の変数

文献 [2, 3] にある列挙には統計学の変数が無かったが，統計学の変数は他の変数と振舞を大きく異にするものであり，独立した項目として掲げる必要がある．

　本研究では独立変数と従属変数について議論する．これにより，先の列挙の内，独立変数と従属変数までを議論したことになる．それ以降の変数については，未だ議論が尽くされていない．これは今後の課題である．

　本研究に於ける独立変数と従属変数についての主張は，独立変数と従属変数にはそれぞれに二つの機能がある，ということである．この主張の中で，文献 [2] にある《暗黙の変数》が重要な役割を果たす．

　文献 [3] では，独立変数と従属変数の解釈のために《状況空間》なるものが提案され，《暗黙の変数》は《状況空間》を動く，という仮説が提示されていた．本研究の主張は，その仮説を棄却しその代わりとなるものである．

2020年10月2日投稿, 2021年6月4日再投稿, 2021年8月20日審査終了

本稿の以降の構成は以下の通りである.

まず第2節で，座標変数と確率変数までの各変数に関するこれまでの議論を要約する．特に，座標変数と確率変数に関する議論では，本研究で重要な役割を果たす《暗黙の変数》の概念が登場するので，詳しく紹介する．

第3節では，独立変数と従属変数に関する問題を指摘する．

第4節と第5節では二つの仮説を提示する．第4節にある第一の仮説は，《暗黙の変数》の概念を直接適用したものである．第5節にある第二の仮説は，文献 [3] で提示されたものである．双方の仮説とも結局は棄却される．

第6節では，本研究の中心的発想である，独立変数と従属変数のそれぞれの二つの機能を提示する．

第7節では，第6節で提示された発想を使って例文を翻訳する．

第8節で本研究の結論を述べる．

第9節で，本研究では議論し切れなかった更なる仮説を述べる．

## 2　これまでの議論の要約

文献 [1, 2, 3] でなされた変数に関する議論を要約する．特に，座標変数と確率変数については，独立変数と従属変数に関する議論に於いて直接参照される暗黙の変数の議論を含んでいるので，詳しく紹介する．

2.1　恒等式の中の文字と方程式の未知数　恒等式の中の文字については，文献 [1] 180 頁，文献 [2] 38 頁，文献 [3] 4 頁にその議論がある．この中で，恒等式の中の文字は全称量化される変数である，という説明がある．

方程式の未知数については文献 [1] 180 頁，文献 [2] 38〜39 頁，文献 [3] 8 頁にその議論がある．その中で，方程式の未知数は，方程式と解との同値式を作った際に全称量化される変数である，という説明がある．

ここまでは，文字や未知数と呼ばれ，まだ変数とは呼ばれていない．しかし意味的には全称束縛される変数である．

2.2　「文中で同一のものを指す記号」という説明　変数に対して,「文中で同一のものを指す記号」と説明されることが度々ある．恒等式の中の文字も，方程式の未知数も，外側で全称量化される．量化子は各変数に対してそれぞれ一つしか登場しないので，文字や変数の式中での値は皆同じである．よって，確かに文字や変数は《文中で同一のものを指す記号》である．しかし，これは同一の束縛子によって束縛されていることから来る副次的な性質である．《文中で同一のものを指す記号》は文字や変数の重要な機能であるが，本質ではない．

2.3　多項式論の中の変数と命題変数　文献 [3] の中心的な話題は多項式論の中の変数と命題変数についての議論である．多項式論の中の変数とは，因数分解の式

$$x^2 + 3x + 2 = (x+1)(x+2)$$

に現れる変数 $x$ である．その議論の中で，多項式論の中の変数と命題変数は自由代数の生成元であると結論された．

2.4　座標変数と確率変数　座標変数と確率変数については，文献 [1] には 180〜181 頁に座標変数のみが議論されていて，確率変数が議論されていなかった．しかし，文献 [2] の議論で，座標変数と確率変数は同類のものと見做された．

座標変数について，文献 [2] 39〜40 頁では，文献 [5] より

「$y = 4x$ のグラフを書いてみよう．

かき方

$x = 1$ のとき $y = 4$ だから $y = 4x$ のグラフは点 $(1,4)$ を通る．」

を引用し，

「$\langle x = 1 \rangle$ と言い $\langle y = 4 \rangle$ と言っているが，$\langle y = 4x \rangle$ という式は単に $4 = 4 \times 1$ という掛け算のみを表しているのではない．即ち，ここでの変数の機能は《文中で同一のものを指す記号》ではない．」

と論じている．そして，文中の $x$, $y$ は平面から座標軸への射影函数 $X(\ )$, $Y(\ )$ のことであり，$\langle y = 4x \rangle$ という式は点集合 $\{p \mid Y(p) = 4X(p)\}$ を表している，としている．

即ち，座標変数は函数であり，構文上は論理式である $\langle y = 4x \rangle$ には平面上の点を動く暗黙の変数 $p$ が隠れていて，意味的にはそれが束縛されて集合の名前となっている，と結論している．

確率変数についても，文献 [2] 42〜43 頁では以下の例文によって議論している．

「普通の賽子を二回振る．

一回目に出た目を $x$ と置き，二回目に出た目を $y$ と置く．

$2x = y$ である確率は $1/12$ である．」

文献 [6] にある通り，確率変数は確率空間から値域への函数である．この場合の確率空間とは，台集合は $\Omega = \{1,2,3,4,5,6\} \times \{1,2,3,4,5,6\}$，可測集合は全ての部分集合 $\mathcal{P}(\Omega)$，確率速度 $\mu$ は全ての元に $1/36$ を割り当てる測度である．$\Omega$ から $\{1,2,3,4,5,6\}$ への左射影を $X(\ )$ と書き，右射影を $Y(\ )$ と書く．即ち，$X((\omega_x, \omega_y)) = \omega_x$，$Y((\omega_x, \omega_y)) = \omega_y$．

例文中の $\langle x \rangle$ の意味は根元事象を動く変数 $\omega$ を使うと $X(\omega)$ となる．同

様に〈 $y$ 〉の意味は $Y(\omega)$ ,〈 $2x = y$ 〉の意味は $2X(\omega) = Y(\omega)$ となる. また〈 $2x = y$ である確率は $1/12$ 〉の意味は $\mu(\{\omega \mid 2X(\omega) = Y(\omega)\}) = 1/12$ である.〈 $x$ 〉,〈 $y$ 〉,〈 $2x = y$ 〉の意味の中には，根元事象を動く変数 $\omega$ が自由に出現する．よって,〈 $x$ 〉と〈 $y$ 〉の値,〈 $2x = y$ 〉の真偽値は確率的に変わる．一方,〈 $2x = y$ である確率は $1/12$ 〉の意味の中では $\omega$ は束縛されている．よって〈 $2x = y$ である確率は $1/12$ 〉の真偽値は確率的に変わることはない.

確率変数にも，暗黙の変数 $\omega$ が隠れていた.

以上のように，座標変数と確率変数は暗黙の変数からの函数であり，座標変数と確率変数を含む論理式は，屡々，その暗黙の変数か束縛されて集合を表すこととなる.

## 3 独立変数と従属変数

独立変数とは，函数の入力となる変数であり，従属変数とは，函数の返り値となる変数である.

文献 [1] 182 頁には
「函数の返り値と等しくなる $y$ が従属変数と呼ばれ，函数の引数となる $x$ が独立変数と呼ばれる.」
とある.

この独立変数と従属変数という用語は統計学から借用した講学上の用語であり，一般の数学の文献の中に現れる用語ではない．文献 [7] には
「ともなって変わる 2 つの変数 $x$, $y$ があって，$x$ の値を決めると，それに対応する $y$ の値がただ 1 つ決まるとき，$y$ は $x$ の関数であるという.」
とある．これが，教科書に於ける独立変数と従属変数の説明である.

独立変数と従属変数の分析の手段として，独立変数と従属変数を含んだ文章を述語論理に翻訳するという方法を取る.

以下の例文を見る.
$y = x^2$ の時, $dy/dx = dx^2/dx = 2x$
ここで，微分式 $dx^2/dx$ の分子の $x$ と分母の $x$ は関係付けられている．しかしこれは分母の $dx$ が分子の $x$ を束縛しているのではない．このことは，変数の名前換えをしてはならないことから分かる．即ち
$dy^2/dy = 2y = 2x^2 \neq dx^2/dx$
である.

以降で，まず先行研究にある二つの仮説を検証し，次に本研究での主張を述べる.

　文献 [2] では変数 $x$, $y$ に対応する，暗黙の変数を受け取る函数を大文字で $X$, $Y$ と書いていたが，本稿では $\hat{x}$, $\hat{y}$ と書く．本稿で扱う例文には，大文字の変数名が登場するからである．

## 4　第一の仮説

　第一の仮説は，

　　従属変数は独立変数と，独立変数から従属変数を与える函数とから成る．
　　独立変数は従属変数の中で暗黙の変数として働く．

というものである．この仮説は，文献 [2] にある暗黙の変数の発想を直接適用することにより得られる．即ち，独立変数 $x$ と従属変数 $y$ があるならば，$x$ は $y$ の中にある暗黙の変数として働き，$y$ は函数 $\hat{y}$ と変数 $x$ から作られる $\hat{y}(x)$ に翻訳される．

　　$y = x^2$ の時 $dy/dx = 2x$

は

　　$y = \hat{y}(x) = x^2 \;\Rightarrow\; D\hat{y}x = D(\lambda x.x^2)x = (\lambda x.2x)x = 2x$

と翻訳される．但し $D$ は微分作用素である．

　翻訳後の式には二通りの $x$ が登場する．一つは自由変数の $x$ であり，もう一つは $\lambda$ に束縛されている束縛変数の $x$ である．独立変数が自由変数と束縛変数に二通りに翻訳されることは，独立変数の二面性として文献 [1] 183 頁で注目されている．

　第一の仮説は，独立変数が唯一しか登場せず，独立変数で直接に微分する場合には有効に働く．しかし，独立変数が複数登場し，複数の従属変数で従属変数を偏微分する場合を解釈することは出来ない．よってこの仮説を一般的な原理として採用することは出来ない．

## 5　第二の仮説

　文献 [3] 9〜12 頁に以下の仮説が議論されている．

　各独立変数の変域の直積からなる《状況空間》があり，その状況空間に値を取る《状況》と呼ばれる暗黙の変数がある．そして，各変数はこの《状況》なる暗黙の変数を受け取り，各値域の値を返す函数である．

　第二の仮説としてこれを取り挙げる．

　この仮説では，独立変数が複数登場し，複数の従属変数で従属変数を偏微分する場合を解釈出来ることがある．文献 [3] の例は，従属変数で従属変数を偏微分する例ではない．従属変数で従属変数を偏微分する例として，次の例を見る．

　$x_1$, $x_2$ は実数を動く独立変数である．

$y_1$, $y_2$, $z$ は従属変数であり,
$$y_1 = x_1 + x_2, \ y_2 = x_1 - x_2, \ z = y_1 y_2$$
と置く. この時,
$$\partial z/\partial y_1 = y_2 = x_1 - x_2$$
〈 $\partial/\partial y_1$ 〉は $y_2$ を固定して $y_1$ で微分するという意味の作用素である. この記号は何を固定するか明示していないので, それが明らかでない文脈では使用出来ない. 稍不便な記号ではあるが, 広く使用されている. この記号の不便さは本研究の議論の話題ではない.

ここでは確かに, 独立変数が複数登場し, 複数の従属変数で従属変数を偏微分している.

独立変数 $x_1$, $x_2$ の各変域の直積空間 $\mathbf{R}^2$ を文字 $S$ で表す. 文献 [3] では, この $S$ を状況空間と呼び, これの元 $s = (s_1, s_2) \in S$ を状況と呼んでいた. 状況空間からの左射影を $\hat{x}_1(\ )$ と書き, 右射影を $\hat{x}_2(\ )$ と書く. 即ち $\hat{x}_1((s_1, s_2)) = s_1$, $\hat{x}_2((s_1, s_2)) = s_2$ .

例文中の各変数 $x_1$, $x_2$, $y_1$, $y_2$, $z$ は, 状況空間から各変数の変域への函数と見做す. 即ち,
$$x_1 = \hat{x}_1(s), \ x_2 = \hat{x}_2(s), \ y_1 = \hat{y}_1(s), \ y_2 = \hat{y}_2(s), \ z = \hat{z}(s)$$
となる.

これを使って, 述語論理へ翻訳する. 〈 $y_1 = x_1 + x_2$ 〉は, ある時点で偶々この等式が成り立つと言っているのではなく, $y_1$ を $x_1$ と $x_2$ の函数として定めているので,
$$\forall s \in S. \ \hat{y}(s) = \hat{x}_1(s) + \hat{x}_2(s)$$
と翻訳される.

次に微分であるが, これは極限操作を伴なうので, 極限の記号を導入するのが紙面の節約となる. 記号
$$A(s) \to a \ (B(s) \to b, C(s) = c)_s$$
は, 以下の論理式の略記である.
$$\forall \epsilon > 0. \ \exists \delta \in \mathbf{R}. \ \forall s \in S. \ 0 < |B(s) - b| < \delta \ \& \ C(s) = c \Rightarrow |A(s) - a| < \epsilon$$
この記号の意味は, $s$ を動かして $C(s)$ を $c$ に保ちながら $B(s)$ を $b$ に近付けると, $A(s)$ は $a$ に近付く, ということである. ここで変数 $s$ は束縛変数であることに注意する.

すると 〈 $\partial z/\partial y_1 = \partial y_1 y_2/\partial y_1 = y_2$ 〉は,
$$\exists d, d' \in \mathbf{R}.$$
$$\frac{\hat{z}(s') - \hat{z}(s)}{\hat{y}_1(s') - \hat{y} = 1(s)} \to d \ (\hat{y}_1(s') \to \hat{y}_1(s), \hat{y}_2(s') = \hat{y}_2(s))_{s'}$$

$$\& \frac{\hat{y}_1(s') \cdot \hat{y}_2(s') - \hat{y}_1(s) \cdot \hat{y}_2(s)}{\hat{y}_1(s') - \hat{y}_1(s)} \to d' \ (\hat{y}_1(s') \to \hat{y}_1(s), \hat{y}_2(s') = \hat{y}_2(s))_{s'}$$

$$\& \ d = d' = \hat{y}_2(s)$$

と翻訳される.

かくして,例文全体は

$$(\forall s \in S. \ \hat{z}(s) = \hat{y}_1(s) \cdot \hat{y}_2(s)) \ \Rightarrow$$

$$\forall s \in S. \exists d, d' \in \mathbf{R}.$$

$$\frac{\hat{z}(s') - \hat{z}(s)}{\hat{y}_1(s')\hat{y}_2(s)} \to d \ (\hat{y}_1(s') \to \hat{y}_1(s), \hat{y}_2(s') = \hat{y}_2(s))_{s'}$$

$$\& \frac{\hat{y}_1(s') \cdot \hat{y}_2(s') - \hat{y}_1(s) \cdot \hat{y}_2(s)}{\hat{y}_1(s') - \hat{y}_1(s)} \to d' \ (\hat{y}_1(s') \to \hat{y}_1(s), \hat{y}_2(s') = \hat{y}_2(s))_{s'}$$

$$\& \ d = d' = \hat{y}_2(s)$$

と翻訳される.これは一階述語論理に於いて直積空間の規則と実数に関する順序体の規則から導出される.

以上が第二の仮説である.

この第二の仮説には,決定的な疑義がある.果たして,従属変数を従属変数に微分する場合に,微分式の分母の変数は本当に従属変数なのか,という点である.

## 6　二つの機能

以下のボイル=シャルルの法則に関する例文を見る.

$$T = cPV \ \text{なので} \ \dot{T} = \frac{\partial T}{\partial P}\dot{P} + \frac{\partial T}{\partial V}\dot{V} = cV\dot{P} + cP\dot{V}$$

ここには $\dot{T}$ などが登場しているので,明示的には登場しないが,時間を表す変数 $t$ が独立変数である.先の第二の仮説に従えば,状況空間の自由度は 1 となる.しかし,$\partial T/\partial P$,$\partial T/\partial V$ では,状況は二次元的に動かなければならない.第二の仮説に従えばここで自由度が足りなくなる.前節の例では,独立変数の自由度が 2 であり,偏微分する変数の自由度も 2 であったので,この問題は表面化しなかった.

偏微分の式 $\partial T/\partial P$,$\partial T/\partial V$ に於いては,$P$ と $V$ は局所的に独立変数となっていると見做さなければならない.これに対して時間を表す変数 $t$ は大域的な独立変数となる.先の第二の仮説は大域的な変数しか解釈出来ないので,この仮説は採用出来ない.

この例文を述語論理に翻訳するために,第一の仮説を検討する.第一の仮説は従属変数で従属変数を微分する場合には適用出来ないが,独立変数の二面性については検討する価値がある.

独立変数の二面性とは，独立変数を述語論理に翻訳すると，自由変数と束縛変数の双方に翻訳されるということであった．自由変数に翻訳される独立変数の機能は，函数の入力値を保持する機能である．一方，束縛変数に翻訳される独立変数の機能は，函数の定義文の中の仮引数の機能である．即ち，独立変数の二面性とは，独立変数の以下の二つの機能のことである．

　　自由変数としての独立変数　…　値の保持
　　束縛変数としての独立変数　…　函数の定義文の中の仮引数

これに対応して，従属変数にも二つの機能がある．一つは，値を保持する機能であり，もう一つは，独立変数との関係を保持する機能，即ち，独立変数からの函数としての機能である．

(1) 値を保持する機能

　　$y = x^2$ の下で，$x = 2$ の時 $y = 4$

　　独立変数の，値を保持する機能に対応

(2) 独立変数との関係を保持する機能：独立変数からの函数としての機能

　　$y = x^2$ の下で，$x$ が 2 から 3 へ動く時，$y$ は 4 から 9 へ動く

　　独立変数の，函数の定義文の中の仮引数としての機能に対応

以上のことから，独立変数と従属変数を述語論理に翻訳するに当たり以下の方針を採る．

(1) 数学の変数 $x$ を表す述語論理の変数を $\mathsf{v}^x$ と書く．

(2) 数学の変数 $y$ が数学の変数 $x$ の函数である時，数学の変数 $x$ の値から数学の変数 $y$ の値を返す函数を表す述語論理の函数記号を $\mathsf{f}^y_x$ と書く．

　独立変数 $x$ は $\mathsf{v}^x$ とのみ翻訳される．独立変数の二面性は，$\mathsf{v}^x$ が自由変数として現れるか，束縛変数として現れるかに反映される．

　従属変数 $y$ は $\mathsf{v}^y$ または $\mathsf{f}^y_x(...)$ と翻訳される．従属変数の二つの機能の内，値を保持する機能は $\mathsf{v}^y$ によって表され，函数としての機能は $\mathsf{f}^y_x(...)$ によって表される．数学の言語〈$y$ は $x$ の函数〉を述語論理で書くと〈$\mathsf{v}^y = \mathsf{f}^y_x(\mathsf{v}^x)$〉となる．

## 7　例文の翻訳

　先の例文

$$T = cPV \text{ なので } \dot{T} = \frac{\partial T}{\partial P}\dot{P} + \frac{\partial T}{\partial V}\dot{V} = cV\dot{P} + cP\dot{V}$$

の翻訳を行なう．微分作用素を $D$ と書く．

(1) 文全体の独立変数は，明記されていない時間の変数 $t$ である．

(2) 各従属変数の，独立変数に対する依存関係を書くと以下のようになる．

　　$\mathsf{v}^P = \mathsf{f}^P_t(\mathsf{v}^t),\ \mathsf{v}^V = \mathsf{f}^V_t(\mathsf{v}^t),\ \mathsf{v}^T = \mathsf{f}^T_t(\mathsf{v}^t) = \mathsf{f}^T_{PV}(\mathsf{v}^P, \mathsf{v}^V)$

(3) $T$ が $t$ の函数であると同時に $P$, $V$ の函数であることに由来する函数間の関係は以下の通り.

$$\forall \mathsf{v}^t.\, \mathsf{f}_t^T(\mathsf{v}^t) = \mathsf{f}_{PV}^T(\mathsf{f}_t^P(\mathsf{v}^t), \mathsf{f}_t^V(\mathsf{v}^t))$$

(4) 〈なので〉までの部分〈 $T = cPV$ 〉は以下のように翻訳される.

$$\forall \mathsf{v}^P \mathsf{v}^V.\, \mathsf{f}_{PV}^T(\mathsf{v}^P, \mathsf{v}^V) = c \cdot \mathsf{v}^P \cdot \mathsf{v}^V$$

(5) 〈なので〉以降の部分〈 $\dot{T} = \dfrac{\partial T}{\partial P}\dot{P} + \dfrac{\partial T}{\partial V}\dot{V} = cV\dot{P} + cP\dot{V}$ 〉は以下のように翻訳される.

$$D\mathsf{f}_t^T \mathsf{v}^t$$
$$= D(\lambda \mathsf{v}^P.\mathsf{f}_{PV}^T(\mathsf{v}^P, \mathsf{v}^V))\mathsf{v}^P \cdot D\mathsf{f}_t^P \mathsf{v}^t + D(\lambda \mathsf{v}^V.\mathsf{f}_{PV}^T(\mathsf{v}^P, \mathsf{v}^V))\mathsf{v}^V \cdot D\mathsf{f}_t^V \mathsf{v}^t$$
$$= c \cdot \mathsf{v}^V \cdot D\mathsf{f}_t^P \mathsf{v}^t + c \cdot \mathsf{v}^P \cdot D\mathsf{f}_t^V \mathsf{v}^t$$

以上の考察により, 文全体の述語論理への翻訳は以下のようになる.

$$\mathsf{v}^P = \mathsf{f}_t^P(\mathsf{v}^t) \,\&\, \mathsf{v}^V = \mathsf{f}_t^V(\mathsf{v}^t) \,\&\, \mathsf{v}^T = \mathsf{f}_t^T(\mathsf{v}^t) = \mathsf{f}_{PV}^T(\mathsf{v}^P, \mathsf{v}^V)$$
$$\&\, (\forall \mathsf{v}^t.\, \mathsf{f}_t^T(\mathsf{v}^t) = \mathsf{f}_{PV}^T(\mathsf{f}_t^P(\mathsf{v}^t), \mathsf{f}_t^V(\mathsf{v}^t)))$$
$$\&\, (\forall \mathsf{v}^P \mathsf{v}^V.\, \mathsf{f}_{PV}^T(\mathsf{v}^P, \mathsf{v}^V) = c \cdot \mathsf{v}^P \cdot \mathsf{v}^V) \;\Rightarrow$$
$$D\mathsf{f}_t^T \mathsf{v}^t$$
$$= D(\lambda \mathsf{v}^P.\mathsf{f}_{PV}^T(\mathsf{v}^P, \mathsf{v}^V))\mathsf{v}^P \cdot D\mathsf{f}_t^P \mathsf{v}^t + D(\lambda \mathsf{v}^V.\mathsf{f}_{PV}^T(\mathsf{v}^P, \mathsf{v}^V))\mathsf{v}^V \cdot D\mathsf{f}_t^V \mathsf{v}^t$$
$$= c \cdot \mathsf{v}^V \cdot D\mathsf{f}_t^P \mathsf{v}^t + c \cdot \mathsf{v}^P \cdot D\mathsf{f}_t^V \mathsf{v}^t$$

$\partial T/\partial P$ 及び $\partial T/\partial V$ に於いて, $P$, $V$ は局所的な独立変数である. 局所的な独立変数は《局所的》に効果があるという点では束縛変数と似ているが, 名前換えが出来ないという点で束縛変数とは異なる.

第 5 節の例は以下のように解釈される.

$$\mathsf{v}^{y_1} = \mathsf{f}_{x_1 x_2}^{y_1}(\mathsf{v}^{x_1}, \mathsf{v}^{x_2}) \& (\forall \mathsf{v}^{x_1} \mathsf{v}^{x_2}.\, \mathsf{f}_{x_1 x_2}^{y_1}(\mathsf{v}^{x_1}, \mathsf{v}^{x_2}) = \mathsf{v}^{x_1} + \mathsf{v}^{x_2})$$
$$\dots (y_1 = x_1 + x_2)$$
$$\& \, \mathsf{v}^{y_2} = \mathsf{f}_{x_1 x_2}^{y_2}(\mathsf{v}^{x_1}, \mathsf{v}^{x_2}) \& (\forall \mathsf{v}^{x_1} \mathsf{v}^{x_2}.\, \mathsf{f}_{x_1 x_2}^{y_2}(\mathsf{v}^{x_1}, \mathsf{v}^{x_2}) = \mathsf{v}^{x_1} - \mathsf{v}^{x_2})$$
$$\dots (y_2 = x_1 - x_2)$$
$$\& \, (\forall \mathsf{v}^{y_1} \mathsf{v}^{y_2}.\, \mathsf{f}_{y_1 y_2}^{z}(\mathsf{v}^{y_1}, \mathsf{v}^{y_2}) = \mathsf{v}^{y_1} \cdot \mathsf{v}^{y_2})$$
$$\dots (z = y_1 y_2)$$
$$\Rightarrow \, D(\lambda \mathsf{v}^{y_1}.\mathsf{f}_{y_1 y_2}^{z}(\mathsf{v}^{y_1}, \mathsf{v}^{y_2}))\mathsf{v}^{y_1} = \mathsf{f}_{x_1 x_2}^{y_2}(\mathsf{v}^{x_1}, \mathsf{v}^{x_2}) = \mathsf{v}^{x_1} - \mathsf{v}^{x_2}$$
$$\dots (\partial z/\partial y_1 = y_2 = x_1 - x_2)$$

## 8 結論

以上の議論から, 以下の結論が得られる.

独立変数と従属変数には二つの機能がある. 独立変数の機能の一つ目は, 函数の入力値を保持する機能であり, もう一つは, 函数の定義文の中で仮引数となる機能である. 従属変数の機能の一つ目は, 函数の出力値を保持する機能であり, もう一つは, 独立変数からの函数であることを表す機能である. 従

属変数の一つ目の機能は，独立変数の一つ目の機能に対応し，従属変数の二つ目の機能は，独立変数の二つ目の機能に対応している．

独立変数と従属変数を含む数学の文を述語論理に翻訳するには，その機能に応じた翻訳が必要である．

また，独立変数には大域的な独立変数と局所的な独立変数とがある．微分式の分母に表れる変数は分子の中で局所的に独立変数として働く．

## 9 更なる仮説

以上によって，述語論理への翻訳は説明したが，この議論に対して，「変数の動的な意味を把えていない.」という批判があった.〈変数の動的な意味〉とは何なのか，未だ明らかではない，それこそが独立変数の本質なのであろう.

ここで，〈変数の動的な意味〉を説明するための新たな仮説として，《仮想的時空》を提案する．その仮説は以下のようなものである．

数学者は〈独立変数を動かす〉という時，仮想的時空を考える．仮想的時空とは，小説や伝聞，回想，未来の想像の際に設定される場と同様のものである．仮想的時空の中では時間が流れており，各変数の値が時間に沿って変化する．仮想的時空の中で数学者は独立変数を動かし，それに従って従属変数が動く．仮想的時空は仮想的なものなので，再生，複製，また同時に複数の時空を動かすことなどが出来る．独立変数を取り直す時，元の仮想的時空は停止され，新たな仮想的時空が動き出す．

仮想的時空の中の時間の流れが変数の動的意味にとって本質的である

これは未だ仮説の域を出ない．仮想的時空とは如何なるものなのかは，今後の課題である．

### 謝辞

「変数の動的な意味を把えていない.」という助言を戴いた木村大輔氏に感謝する．

### 文献

[1] 竹内泉，数学と論理学,「現代思想」35 巻 3 号 180〜185 頁，2007 年

[2] 竹内泉，数学と変数,「哲学誌」54 巻 37〜47 頁，2012 年

[3] 竹内泉，数学と変数,「科学哲学」48 巻 2 号 3〜12 頁，2015 年

[4] 永尾汎「代数学」新数学講座 4，朝倉書店，1983 年 4 月，14 頁

[5] 澤田利夫監修「中学数学 1」教育出版，2008 年 1 月，104 頁

[6] 高橋幸雄「確率論」基礎数理講座 7，朝倉書店，2008 年 6 月，60 頁

[7] 一松信ら「中学校数学1」学校図書，2012 年 2 月，117 頁

（産業技術総合研究所）

自由応募論文

# トランスサイエンス概念をつくりなおす

清水右郷

## Abstract

The concept of "trans-science" has been widely used thanks to contributions from science, technology, and society scholars but sometimes interpreted arbitrarily. I examine original and current usage of the concept and then propose a new definition of it. "Trans-scientific questions" were originally defined as questions of facts which cannot be answered by science, while the standards of unanswerability in science were not definite. Nowadays Japanese scholars invoke "trans-science" to claim that scientists should not answer political questions. My proposal is to remake the definition of "trans-scientific questions" in order to accept both original and current usage.

## 1　はじめに

　科学技術を語るための語彙を増やすことは、人文学が為しうる社会的貢献の一つだろう。「トランスサイエンス (trans-sceicne)」はそのような貢献の代表例ではないだろうか。この用語は科学と社会の関係を語る際のキーワードとして 1970 年代の米国で登場し、以降の科学論やリスク論で注目を浴び、日本でも科学技術社会論の重要概念として 2000 年代に広く浸透した。

　こうした用語が普及し様々に用いられることは、社会的な議論の喚起という点で望ましいだろうが、用語の意味の混乱が増していくという問題もある。ある概念を使って細かく議論を詰めたり、類似概念間の差異や共通性について検討するときには、場当たり的な用語法では不便だろう。科学技術を語るための用語を生み出すばかりではなく、それらを定期的に整備することも、人文学の仕事なのではないだろうか。

　用語や概念の細かな検討は哲学の得意技の一つであり、近年、哲学者による「概念工学 (conceptual engineering)」が注目され始めている (戸田山・唐沢, 2019)。この概念工学という用語自体がまだ確立しておらず、本稿では「本当の」概念工学を立ち入って検討しない。要点として、概念工学とは概念を人工的に加工する仕事のことであり、作業にあたっては、哲学者の言語的直観ばかりではなく様々な知見を活用し、概念の実際の利用方法と整合性を保ちつつ、一定の価値観に即した調整を加えていく。本稿では「トランスサイエンス」について概念工学を試みる。具体的には、この概念の生みの親であるワインバーグの文献を基本素材としながら、この概念の明確化を進めつつ、現代の我々にとってそれなりに実用的な定義を提案することを目指す。

2021 年 3 月 15 日投稿, 2021 年 6 月 16 日再投稿, 2021 年 8 月 27 日再々投稿, 2021 年 9 月 2 日審査終了

本稿は次のように議論を進める。2 節では、ワインバーグによるトランス
サイエンスの定義に注目し、関連する用語を整理する。ワインバーグの言う
「トランスサイエンス的な問い」は、事実の問いだが、科学によって答えるこ
とができないような問いのことだった。この「科学によって答えることがで
きない」の判定基準を 3 節で検討するが、ワインバーグの示した基準には曖
昧さと設定根拠の問題があった。4 節では、トランスサイエンスという用語が
社会の中でどのように使われているのかを検討する。ここでの分析の要点は、
トランスサイエンス概念がアクター間の役割分担に関連していること、そし
て現代の日本ではワインバーグの想定とは異なる役割分担が論じられている
ことである。続く 5 節でも実際の使用法に注目するが、ここでは本稿が解決
を図る問題を具体化するために、トランスサイエンスという用語の曖昧さが
建設的な議論を妨げている現状を示す。以上を踏まえて、6 節でトランスサイ
エンス的な問いの新しい定義を提案する。この定義はワインバーグの用法と
現代の用法の両方を許容し、今後のトランスサイエンスをめぐる議論で「科
学者の担うべき役割」に焦点を当てることを促すものである。

## 2　ワインバーグによる定義

　トランスサイエンスという用語の起源は、物理学者のアルヴィン・ワイン
バーグが執筆した 1972 年の *Minerva* 掲載論文だというのが定説である。彼の
文献を辿ってみると、それ以前にもこの用語を使っていたり (Weinberg, 1971)、
科学を「超えている (transcend)」という表現を使ったことがある (Weinberg,
1970)。とはいえ、これらの文献では 1972 年の論文以上に詳しい記述は見当
たらない。定説通り 1972 年の論文を初出論文として問題ないだろう。

　初出論文の冒頭、トランスサイエンスという用語は次のように導入される。

> 科学や技術と社会との間の相互作用の過程において生じる多くの課
> 題 (issues)——例えば、技術の有害な副作用や、科学的手続きを通じ
> て社会問題に取り組む試み——は、科学に問うことはできるが、科学
> によって答えることができない問い (questions) に対する答えに懸
> かっている。私はそうした問いを「トランスサイエンス的 (trans-
> scientific)」と呼ぶことを提案する。それらは、認識論的に言って、
> 事実の問いであり、科学の言葉で述べることができるにもかかわら
> ず、科学によって答えることができないからである。つまり、それ
> らは科学を超えているのである。

　ここには二つの注目点がある。まず一点目は、「トランスサイエンス的な問
い (trans-scientific questions)」の定義である。その定義とは、「科学に問うこ

とはできるが、科学によって答えることができない問い」であり、さらに「科学に問うことはできる」は「認識論的に言って、事実の問いであり、科学の言葉で述べることができる」と言い換えられている。

　この定義はよく知られているものの、立ち止まって考えてみると、ほとんど無内容に思えるほど漠然としている。例えば、「科学に問うことはできる」の言い換えで、「認識論的に言って」と付記することにどんな意味があるのか。深読みするなら、ある事柄が事実かどうかという問いについて、実在論ではなく認識論の観点から関心を向けているのだというニュアンスを汲み取れるかもしれない。つまり、事実の問いと言っても、人間の認識を超えて「事実」かどうかにまで関心を向ける必要はないということだ。とはいえ、ワインバーグ本人は付記の意図を説明しておらず、実際には大半の人に無視されている部分だろう。

　もっと問題なのは、「科学によって答えることができない」の意味である。これは重要な論点になるので、本稿では科学的解答不能性（「できる」の場合には解答可能性）という用語を充てて詳しく検討する。科学者はトランスサイエンス的な問いに対して、意見を持つことはあっても、「科学によって答えることができない」というのがワインバーグの基本的な主張である。だが筆者の知る限り、ワインバーグは科学的解答不能性の内実を真剣に論じたことがなく、トランスサイエンス的な問いの例示とともに僅かな説明を付しただけである。この僅かな説明を読み解く作業を次節で行う。

　二点目として、科学技術と社会の間で生じる課題がトランスサイエンス的な問いに対する答えに懸かっているという一文目からは、科学技術と社会の間で生じる課題とは別にトランスサイエンス的な問いがあると読める。この区別は後で重要になるので、用語を分けておこう。先ほど確認した定義では、トランスサイエンス的な問いとは、事実の問いだが、科学によって答えることができない問いである。しかし、科学技術と社会の間で生じる課題について、事実の問いばかりではなく、「〜を規制すべきか」のような政治や倫理の問いが発せられることもあるだろう。そこで、トランスサイエンス的な問いを含め、様々な種類の問いが発せられる元々の課題の方を「トランスサイエンス的な課題 (trans-scientific issues)」と呼ぶことにする。初出論文中にはトランスサイエンス的な課題の定義は見当たらないが、ひとまず「科学技術をめぐる社会的論争」のような意味だと捉えておこう。

　本稿ではトランスサイエンス的な問い/課題をできるだけ区別するが、これらをまとめて「トランスサイエンス概念」と呼ぶことにする。ワインバーグ自身が問い/課題を常に区別していたわけではなく、現在でもこの区別が使わ

れることはまずないので、一般的な言説ではトランスサイエンス概念が使われていることになる。

　初出論文 215-216 頁の記述を材料にして本稿の用語法を確認しておこう。そこでは、超音速輸送機の実用化を例にして問いの種類の違いが説明されている。当時の状況を少しだけ補うと (cf. Clark, 1974)、米国では超音速輸送機の開発の是非が論争されており、懸念の一つは輸送機の排出物がオゾン層を破壊してしまうということだった。もしオゾン層が破壊されたら、地表に降り注ぐ紫外線が増えるだろう。ワインバーグによれば、紫外線と皮膚がんの関係は、事実の問いであり、十分な証拠があり、専門家が合意する、科学によって答えることができる問いである。他方、超音速輸送機の排出物がオゾン層にもたらす影響、つまり、輸送機がオゾン層を破壊するかどうかは、事実の問いだが、直接的証拠が少なく、論争的であり、科学によって答えることができない（つまりトランスサイエンス的な）問いである。そして、最終的に実用化を進めるかどうかは政治の問いであり、本稿の用語で言えば、トランスサイエンス的な課題に対して発せられた政治の問いということになる。

　注意点として、以上の確認は、あくまでワインバーグの意図を汲んで彼の例示を整理したものである。実際のところ、以下で検討するように、科学的解答不能性の基準が不明確なせいで判定は難しい。

## 3　ワインバーグの示した科学的解答不能性の基準

　初出論文ではトランスサイエンス的な問いの例が五つ挙げられていた。これらの例は既に何度か解説・検討されてきたが、科学的解答不能性の基準を考える上で重要になるので、本稿でも要点をまとめる。

1. 低線量放射線被曝の生体影響：低線量放射線被曝の生体影響は、動物実験で確かめようとすると非常に大量の実験動物が必要になるため、実践的には動物実験によって答えることができない。このことは環境要因一般にもあてはまり、放射線の影響に限らない。脚注では、高線量被曝影響から低線量被曝影響への外挿や、動物から人間への外挿に問題があることを指摘している。

2. 極低頻度事象の確率：例えば炉心事故について、いわゆるフォールトツリー解析によって炉心事故の確率を計算できるが、その計算は二つの点で疑わしい。一つは、計算結果の確率が非常に小さい値になるため、発電所を稼働させて直接的に確率を確かめることが実践上できない点である。もう一つは、事故の全ての形態が特定されている保証がないという点である。

3. エンジニアリング：技術者は予算や時間の制約の中で働いているので、科学の厳格さを満たす基準で全ての問いを検討する余裕がない。原寸大の試作品を使って実環境とぴったり同じ条件でテストを行うのでない限り、新しい環境へ外挿することに伴う不確実性が常に生じる。さらに巨大構造物の場合は原寸大の試作品が作れないし、実運用期間が長い場合はそれと同じだけ時間をかけたテストというのは意味をなさない。こうして、先進技術には科学的不確実性が内在し、少なくとも部分的には、トランスサイエンス的な要素が含まれる。

4. 社会科学：物理学においては、マクロな力学にしろ量子力学にしろ、物体や原子の振る舞いを正確に予測できる。他方、社会科学において、対象者の意識や個々人の多様性の問題があり、予測の信頼性は物理学に劣る。また、予測できるとしても、それは集団の平均的な行動に過ぎない。例えば、キューバ危機に際してケネディ大統領はフルシチョフ首相の行動を予測する必要があったが、そのように特定個人の行動を予測することは難しい。

5. 科学の価値論：純粋科学か応用科学か、一般性か個別性か、細部を詰めるかパラダイムを変えるか、探索的か検証的かなど、様々な研究スタイルを評価し選択するという「科学的価値」の問いは、好みの問題であって、科学に内的な問いに思えるとしても、科学を超えている。

この五つの例示の後、科学を超えているということの意味には三種類あるのだと述べられる。一つ目は、低線量放射線被曝のケースのように、答えを得るには費用がかかり過ぎるという意味である。ワインバーグは極低頻度事象の確率もこの種に当てはまるとしているが (p. 211)、エンジニアリングの例も同種に思える [1]。二つ目は、社会科学のケースのように、対象があまりに変動的で、「自然科学で確立されている厳密な科学的基準」を満たせないという意味である。三つ目は、科学の価値論のケースのように、道徳的判断や美的判断の問題であって、科学的真理を扱っていないという意味である。

さて、ワインバーグによる以上の具体化をどのように受け取ればよいだろうか。まず第一に、結局のところ、科学的解答不能性の基準が明確にされていないのではないか。第二に、平田 (2015) も指摘するように、科学の価値論は他の例と違ってトランスサイエンス的な問いの定義に合わないのではないか。

この二つの疑問を考える前に、ワインバーグが初出論文以降にどんな例示をしていたかも視野に入れておいた方がよいだろう。ワインバーグは様々な機会にトランスサイエンス概念を周知する記事を書いており、*Science* や *Nature* といった一流学術誌にも寄稿していた (e.g. Weinberg, 1972a,b, 1977, 1978a,b,c,

1981, 1984, 1985)。これらにおいて、トランスサイエンス的な問いとして最もよく例示されるのは低線量放射線被曝の生体影響であり、次に多いのは極低頻度事象（実質的には原発事故）の確率である。初出論文で明示されていなかった例としては、化学物質の発がん性や地球温暖化が登場するが、逆にほとんど登場しなくなるのが科学の価値論である。こうして見ると、トランスサイエンス的な問いとして例示されるものは、科学技術の負の影響を予測するリスク評価ばかりである。

　このことを踏まえて第一の疑問に戻ると、科学的解答可能/不能性の基準も、事実予測やリスク評価に適用される基準だと考えるべきだろう。では、その基準は何だろうか。初出論文の例示部分では、(a) 生物学的モデルによる外挿は認められない、(b) 計算結果の確率を実際にテストしなければならない、(c) 特定の個体の振る舞いを予測できなければならない、(d) 専門家が合意する結論でなければならないといった基準に触れている。後には (e) ピアレビューの重要性や (1978b,c)、(f) 確率評価の不確実性 (1985) などにも触れている。

　だが、基準の一覧がどうあれ、ワインバーグが基準の具体化に真剣だったとは思えない。例えば、社会科学の文脈で言及した基準 (c) は、自身で科学によって答えることができる問いの例だと述べた紫外線と皮膚がんの関係でも満たさない。また、1985 年の論文では、モデルによる外挿が必要な低線量被曝の影響をトランスサイエンス的な問いだと言いつつ (a)、炉心事故確率について不確実性係数の有用性を認めており、これは矛盾ではないとしても奇妙である。決定的な答えが出せない状況で科学的なツールにどんな有用性があるのかと問いかけ、リスクの大小の比較に役立つことから不確実性係数込みのリスク評価を支持しているのだが、同様の理由でモデルによる外挿を有用だと認めてもよさそうだ[2]。さらに各基準間の関係が不明確である。(a)-(f) はそれぞれ独立した基準のように見えるが、複数の基準のうち一つでも満たさないと科学によって答えることができないと判定するのか、それとも総合評価なのかはっきりしていない。

　そもそも、ワインバーグの基準の一覧をそのまま受け入れる必要があるのだろうか。過去には、低線量放射線被曝の影響は疫学・公衆衛生の基準を採用すれば科学によって答えることができるという異議があった (Bross, 1973)。科学的解答可能/不能性の基準は、分野毎の事情を勘案してはならず、「自然科学（それもおそらくは物理学）で確立されている厳密な科学的基準」でなければならないのだろうか。ワインバーグの基準は、曖昧であることに加え、設定根拠がはっきりしていないという問題がある。

　第二の疑問について、ワインバーグにとって科学の価値論は、トランスサ

イエンス初出論文以前から関心のあるテーマだったことに注意が必要である
(e.g. Weinberg, 1962, 1970, 1984)。彼は価値観の関わる場面毎に議論を分け
ていて、特に「科学実践における価値観」と「科学行政における価値観」を
区別していた。

　科学実践における価値観が関係するのは、観察・解釈・理論化など、科学研
究の中心的な部分である。科学実践において「真理」こそが目標であり、選
択の基準であり、価値であるとワインバーグは言う (1984, pp. 2–4)。また、
単純さ、説明力、オリジナリティなども科学実践の価値観としていた (1970,
p. 613)。これらは科学哲学で言うところの認識的価値に概ね重なると考えて
よいだろう。この種の価値は科学実践において正当だというのが現代の科学
哲学の標準的な見解であり、ワインバーグも上記の価値を正当なものと位置
付けている。

　他方、科学行政における価値観が関係するのは、どんな問いを研究するか、
どんな研究に資金配分するかである。この種の価値観について、ワインバー
グは内的基準と外的基準の区別を提案していた (1962)。内的基準は研究分野
の成熟度合いや研究計画の実行可能性に関する評価であり、当該分野の専門
家にしか評価できないものだという。外的基準には研究の技術的・社会的・科
学的メリットの三つがあり、詳細を論じる余裕はないが、これらは当該分野
の外側に由来する評価基準である。

　さて、初出論文に戻ると、そこで例示されていたのは科学行政における価
値観である。それがどのようなものであれ、科学行政における価値観は、あ
る仮説の真偽を問うような事実の問いに関係するものではなく、科学者がど
んなテーマを研究すべきか、政府がどんな研究に予算を配分すべきかといっ
た倫理的・政治的問いに関係するはずだ。科学行政における価値観をトラン
スサイエンス的な問いの例だというのは、そうした価値観が「科学によって
答えることができない」という以前に、「科学に問うことができる」問いに関
係していないのだから、自身の示した定義に合っていない。

　初出論文では科学実践における価値観が言及されていなかった。だがワイ
ンバーグは後の論文で、科学実践において社会的価値や政治的価値が真理へ
のコミットメントに取って代わるときは、科学ではなくトランスサイエンス
なのだとはっきり述べている (1984, p. 4)。科学実践の中で事実の問いに答え
ようとするとき、社会的価値や政治的価値が含まれるなら科学によって答え
ることができないと言うべきという考えだったらしい。

　この考え方は筋が通りそうだが、異論の余地はある。1970-80年代の米国で
は、化学物質の発がんリスク評価をめぐり、科学と政治の関係が激しく論争

されていた。政治が含まれるなら科学ではないとするワインバーグの主張は、論争における代表的な見解の一つだった。だが、その後の科学論では、政治的価値判断を含む科学のあり方が認められるようになっていった。

例えば、1980 年代の中頃には、化学物質の発がんリスク評価が「レギュラトリーサイエンス」として認められていく。当時、トランスサイエンス論や科学知識社会学の影響もあって、リスク評価内部の政治性を明らかにする研究が増え、リスク評価では事実と価値が混じり合っている[3]と認識されるようになっていった (National Research Council, 1983; Rushefsky, 1986; Jasanoff, 1990)。さらにその後には、「ポストノーマルサイエンス」(Funtowicz and Ravetz, 1993) などの新しい科学のあり方が提唱されていく。ポストノーマルサイエンスは、不確実性と利害が一定の度合いを超えた問題に対して適切に働く科学のあり方として提案されたもので、その特徴の一つが「拡大されたピアコミュニティ」という質保証の方法である。通常、科学の質保証は同僚の科学者の査読によるが、不確実性や利害が大きいときにはその方法だけではうまくいかないので、ポストノーマルサイエンスでは科学者以外の利害関係者にも質保証への関与を認めることで問題解決を目指す。こうした新しい科学のあり方は、ワインバーグならば「科学を超えている」と言うだろうが、現在の科学論ではそれなりの支持と影響力を持っている。科学実践における政治的価値判断の除外は、リスク評価を論じる場合は特に、論争的な基準になる。

本節の要点をまとめよう。科学的解答不能性の基準は、ワインバーグ自身の例示と整合するよう、科学技術の影響に関する事実予測やリスク評価に適用される基準だと解釈すべきである。ワインバーグ自身が考えていた基準は、確立した物理学に匹敵する事実予測であることや、科学の実践の中に社会的価値や政治的価値が含まれてはならないというものだった。しかし、彼の基準には曖昧さの問題や、基準の設定根拠が不明という問題があった。そうした捉えどころのなさにもかかわらず、トランスサイエンス概念が普及したのはなぜかという疑問には次節が関係する。

## 4 トランスサイエンスの境界と役割分担

科学技術社会論の旗手であるジャサノフは、社会構成主義の立場からトランスサイエンス概念を検討したことがある (Jasanoff, 1987)。彼女の指摘の要点は、科学技術をめぐる論争にトランスサイエンス概念が導入されることで、科学の領域とラベル付けされた事柄については科学者の特権が維持され、トランスサイエンスの領域とされた事柄については政策に関係するアクターが権利を得るということである。つまり、科学の境界をめぐる言説が、アクター間の権力配分や利害調整として機能しているというのだ。このような言説研

トランスサイエンス概念をつくりなおす

究はバウンダリーワーク研究と呼ばれており、科学技術社会論において一定の伝統を築いている (cf. Gieryn, 1995)。

　ジャサノフの指摘には頷けるところがある。実際、ワインバーグは初出論文で「科学の共和国」と「トランスサイエンスの共和国」を分けて、前者では科学者のみ権利を持つが、後者では非専門家の市民が論争に参加する権利を認める他にないと述べていた。このことを根拠に、特に日本では、トランスサイエンス側の領域が市民参加と関連づけられた (小林, 2007)。トランスサイエンス概念が科学者と他のアクターとの役割分担を明確にする目的で使われてきたことは、概念工学において考慮すべきだろう。

　ただし、境界設定および役割分担で特に問題になるのは、より具体的には、科学技術をめぐる社会的論争において科学者がどんな役割を担うべきかではないだろうか。科学者の役割は、「科学によって答えることができる/できない」ということの意味や、どのアクターがどの領域に関与するのかに密接に関係しているように思われる。以下ではこのことについて検討してみよう。

　ワインバーグは、トランスサイエンス的な問いに対して科学者の義務は科学の限界を示すことであり、政策が関わるような場面でも科学の基準を変えるべきではないと主張していた (e.g. Weinberg, 1978b)。ワインバーグにとって、科学者は「確固とした事実を述べる役割」を担うべきであり、だからこそ、科学的解答可能性の基準は「自然科学で確立されている厳密な科学的基準」でなければならなかったのだろう。

　しかし、現実には、科学技術をめぐる社会的論争の中で科学者は様々な役割を担い、科学の名の下に様々な結論を述べている。「現時点で科学的にもっとも正しいと考えられる説を述べる役割」が求められることもあるだろう。例えば、科学哲学者シュレーダー＝フレチェットの「科学的手続き主義」ではそのような科学者像が描かれる (Shrader-Frechette, 1991)。この見解では、リスク評価者は認識的価値判断に基づいて優れた理論やモデルを追求しており、複数のグループにリスク評価をさせ、それらを公の場で批判に晒すことで科学的客観性が達成されると考える。それぞれの科学者がベストを尽くし、最終的に批判を生き延びたものを科学的な結論として採用しようというわけだ。このような科学者像は、ワインバーグの科学者像とは明らかに異なる。ワインバーグの科学者像では、科学的なやり方でベストを尽くすだけでは不十分で、最終的な予測が「自然科学で確立されている厳密な科学的基準」を満たさない限りは科学的解答不能と言うべきだからだ。

　他にも、「公衆に対する危険性を過小評価しないよう慎重にリスク評価を行う役割」は、ワインバーグの科学者像とは大きく異なる。この役割を担う科

学者は、データが不十分なところでは保守的想定を採用し、その想定に基づくリスク評価を科学的な結論として提示する。実際に科学者がそうした役割を担っていることを分析したのが、前節で紹介したレギュラトリーサイエンス論である。どんな保守的想定を採用するかは部分的に政治的価値判断を含むので、そうした価値判断については非専門家に発言権を認めてよいかもしれず、科学者と市民が共同で科学的な結論を提示するということもありうるだろう。そのような科学のあり方は、ポストノーマルサイエンスの「拡大されたピアコミュニティ」として描かれたものに近い。対照的に、ワインバーグの考えでは、政治的価値判断が含まれるなら科学によって答えることができないと言うべきだ。保守的想定に基づく推定はどれだけデータと数学的手法を駆使していても意見に過ぎず、科学者は科学の名の下にそのような意見を言うべきではない。トランスサイエンス的な問いに対しては市民の発言権を認めるが、それはその問いが「科学を超えている」からである。

　ここまでは、科学者が事実の問いに答えるにあたって果たす役割の違いを述べている。一般的な想定として、科学者が役割上答えるべき問いは、事実の問いであって、政治の問いではないだろう。科学者は、事実については専門知を持っているにしても、政治について特別な身分にあるわけではないからだ。しかし、テクノクラシー的な政治観では、政治の問いでさえ科学者が答えるべきという役割分担もありうる。日本のトランスサイエンス論は、そのようなテクノクラシー的な役割分担を批判してきた。

　例えば、日本でトランスサイエンス概念の知名度を高めた小林は次のように述べている (2007, p. 131)。

> 発ガンの可能性というリスクを覚悟しても原子力の利用を進めるべきか否かという問題は、実はまさにワインバーグの言うトランス・サイエンス的問題のはずである。したがって、ガンへの免疫を与える研究による対応という選択肢と並んで、例えば原子力の利用を控えるという選択肢も考慮されるべきであり、少なくともそれは公共的討議において決するべきだということになるはずである。

　ここで、2節で導入したトランスサイエンス的な問い/課題の区別が重要になる。ワインバーグは初出論文以降、リスク評価上の事実の問いをトランスサイエンス的な問いとして語っていた。しかし小林は、原子力の利用を進めるべきか否かという問題、つまりリスク管理上の政治の問いをトランスサイエンスだと述べて、市民の発言権を擁護している。小林の言う「トランス・サイエンス的問題」には政治の問いが含まれ、本稿の整理に従えば、トランスサイエンス的な課題の意味に近い。

　さらに、政治の問いに誰が答えるべきかについて、小林とワインバーグの間には実のところズレがある (cf. 原, 2015)。小林の評価によれば、ワインバーグは「専門家の意見が分かれるトランス・サイエンス的場面では、専門家は意思決定を独占すべきではなく、利害関係者や一般市民を巻き込んだ公共的討議に参加し意思決定をするべきだ」(2007, p. 128) と主張したことになっている。たしかに、トランスサイエンス初出論文では「トランスサイエンスの共和国」における市民の発言権を認める他ないと述べられていたが、彼の文献を辿っても市民参加を具体的に支持する議論は見当たらない。むしろ、彼は後年、トランスサイエンス的な問いにどう答えるかの議論を避けつつ、トランスサイエンス的な課題そのものを解消する方法を積極的に提案していた (e.g. Weinberg, 1985)。特に支持していたのは「技術的改修 (technological fix)」であり (cf. Johnston, 2018)、これは、原子炉の事故リスクが正確に分からなくとも、技術の安全性を改良していけばそのリスクが小さくなっているという確信が高まり、いずれリスクを無視できるようになるといった解決方法である。この解決方法には非専門家の有意義な貢献など想定されていない。

　以上をまとめると、トランスサイエンス概念の実践的な機能とは、科学者とその他のアクターとの役割分担の明確化なのだが、トランスサイエンス概念の曖昧さにより多様な解釈の余地が残っているのである。ワインバーグの想定する役割分担において、専門家はリスクがどの程度かをめぐるトランスサイエンス的な問いからは手を引くが、トランスサイエンス的な課題の解消を自分たちだけで済ませようとする。他方、小林の主張する役割分担は全く異なり、トランスサイエンス的な課題の解消方法を市民による公共的討議で決定すべきというものである。注意点として、小林がワインバーグを誤解したことは、小林のテクノクラシー批判の意義とは別問題である。次節で確認するように、現代の日本ではもっぱら小林の主張に沿ってトランスサイエンス概念が使われており、このことは概念工学にとって無視できない。

## 5　トランスサイエンス概念をめぐる問題の明確化

　ここまでの検討でトランスサイエンス概念の曖昧さに問題がありそうだという予兆を示せたと思うが、概念工学の遂行にあたり解決すべき問題をもっと具体化した方がよいだろう。筆者の診断では、トランスサイエンス概念をめぐる一番の問題は、概念の曖昧さのせいで議論の積み重ねがうまくいっていないことである。まず、国内でトランスサイエンス概念がどう説明されてきたか、小林の著書を確認しよう (小林, 2004, pp. 155–156)。

　彼の挙げる例を一つ紹介しよう。「運転中の原子力発電所の安全装

置がすべて、同時に故障した場合、深刻な事故が生じる」ということに関しては、専門家の間に意見の不一致はない。これは科学的に解答可能な問題なのである。科学が問い、科学が答えることができる。他方、「すべての安全装置が同時に故障することがあるかどうか」という問いは「トランス・サイエンス」の問いなのである。もちろん、専門家はこのような事態が生じる確率が非常に低いという点では合意するであろう。しかし、このような故障がありうるかどうか、またそれに事前に対応しておく必要があるかどうか、といった点になると、専門家の間で意見は一致しない。科学的な意味での確率、つまりある事柄の発生の蓋然性に関する数値的見積もりについては専門家の間である程度一致するが、その確率を安全と見るか危険と見るかという判断の場面では、科学的問いの領域を超え始める（トランス）のである。

　前節までの検討を踏まえると、ここにはトランスサイエンス概念の複数の用法が混在していることがわかるはずだ。ここで紹介されているのは 3 節で述べた極低頻度事象の確率の事例であり、初出論文に忠実なら、「科学的な意味での確率」が疑わしいためにトランスサイエンス的な問いだと説明すべきである。引用箇所も途中までそのように読めるが、最後には、「その確率を安全と見るか危険と見るか」に合意がないためトランスサイエンスなのだと述べられ、事実の問いから政治の問いに移行している [4]。このようにリスクの受容可能性の問題をトランスサイエンス的な問いだと説明する国内文献はかなり多く、一般向けの書籍や (戸田山, 2011, pp. 198–200)、知名度の高い研究倫理のテキストでも同様の説明がある (日本学術振興会, 2015, p. 115)。この用法は海外の英語文献では少ないようだが、全くないわけではない (e.g. Marcus, 1988, p. 141)。

　この用法は初出論文の定義を満たさないが、科学者がリスクの受容可能性を決めるべきでないという点には多くの人が同意するだろうから、新しく正当な用法として認めてよいかもしれない。ところが、この用法はトランスサイエンス概念の重要性を疑わせる危険性も孕んでいる。政治の問いがトランスサイエンス的な問いだとすれば、政治について特別な身分にない科学者がその問いに答えられないのは一見当たり前にも思えるので、「科学によって答えることができない」ことにわざわざ注目する必要性を見失うかもしれない。例えば、次のような指摘がある (木原, 2018, pp. 59–60)。

　　科学・技術に関わる社会問題は、そう言いたければ、元から「科学・技術（者だけ）では答えられない」トランス・サイエンス問題で、

　　だから意思決定を民主的に開かなければならないのであって、不確
　　実ゆえ「科学・技術（者）には答えられない」問題だからではない。
　　知識の不確実さに関心を奪われればむしろ権力構造を民主化する必
　　要に気づかないということにもなるだろう。

　木原 (2018) の批判の主題は、小林の議論を含め、現在の日本の科学技術社
会論は政治的観点が狭く不十分だということである。社会的意思決定におい
て科学知識の不確実さは関係ないなどと主張しているわけではないし、政治
に関する批判的分析をもっと徹底すべきという主張は傾聴に値する。だが、筆
者が今注目したいのは、トランスサイエンス概念に頼った日本の科学技術社
会論を批判する文脈で、社会問題が科学（者）によって答えられないのは「元
から」だと述べられていることである。

　この主張は一見すると舌鋒鋭いが、従来のトランスサイエンス論をよく吟
味すれば、重要なテーマの取り逃がしに気づくだろう。第一に、ワインバーグ
の問題意識が残っていない。初出論文の意味でのトランスサイエンス的な問
いに対し、科学者はあくまで（ワインバーグの想定する）科学の範囲に留ま
るべきか、それとも不確実性や政策的価値判断を取り込んで新しい科学へ向
かうかは重要な分岐点のはずだ。第二に、科学者が政治の問いに答えるべき
だという見解を軽んじている。前節で述べたようにワインバーグ自身は社会
問題を専門家だけで解決しようとしていたし、科学技術のリスクをめぐって
テクノクラシーが現に一定の支持を得ている。そうした状況だからこそ、ト
ランスサイエンス概念を用いたテクノクラシー批判には意義があるし、テク
ノクラシーを「元から」除外するのは論点先取である。

　もちろん、トランスサイエンス概念とテクノクラシー論との関係は、両者
の具体的な内容次第である。現代的なテクノクラシー論者が次のように主張
したとしよう[5]。たしかに科学技術の社会問題は政治の問いで、「元から」事
実についての科学知識だけでは答えられない。それでも、社会的意思決定にお
いて科学の合理性こそが不可欠に重要なのだから、望ましい権力配分として、
専門家による評価にこそ優先的な重要性を与えるべきではないか。このよう
なテクノクラシー論の是非では、科学技術の社会問題が政治の問いである点
に合意があったとしても、科学知識の不確実さがどのようなものなのか、科
学者が責任を持って答えられる問いの範囲はどこまでなのかといったことが
中心的争点になるはずだ。ここで示したテクノクラシー論は一例に過ぎない
が、テクノクラシーの中心的根拠が科学の合理性であることを考えれば、そ
の是非には総じてトランスサイエンス概念が関係すると言ってもよさそうだ。
他方で、トランスサイエンス概念を用いたテクノクラシー批判がどれだけ成

功しているかは議論のあるところで、種々のテクノクラシー論を頭から除外できる状況ではない。

　概念的混乱がありつつも、トランスサイエンスは科学と社会の関係を語る際のキーワードであり続けている。最近でもトランスサイエンス論の特集が組まれ、次のように語られている (松岡他, 2020, p. 5)

> われわれの住む 21 世紀の高度科学技術社会におけるリスク問題への対処は、市民参加や熟議が進めば進むほど良いというトランス・サイエンスの時代から、どのような専門家やどのような市民が参加し、どのような「場」を形成することによって、社会的合意を達成すべきなのかというポスト・トランス・サイエンスの時代へと転換すべき時を迎えていると考えられる。

　ここでもトランスサイエンス概念が批判的検討の対象になっているが、「トランス・サイエンスの時代」を「市民参加や熟議が進めば進むほど良い」という主張に要約することの妥当性は疑わしい。小林の著書『トランス・サイエンスの時代』(2007) ではそれほど単純な主張をしておらず、専門家と市民の関係を多面的に再考しようというだけなら、小林の主張とあまり変わらないように思える。藁人形論法に陥らずに「ポスト・トランス・サイエンスの時代」を目指すには、「トランス・サイエンスの時代」が何であり、今後どのような違いをもたらすのかを明確にする必要があるはずだ。

　ワインバーグや小林の議論が注目されてきたのは、それらが科学と社会の関係の重要側面を捉えていたからだろう。そうした重要側面に焦点をあててこそ、トランスサイエンス概念に対する批判的検討は意義のあるものになるだろうが、トランスサイエンス概念が曖昧なままではなかなか議論が深まらない。トランスサイエンス概念は「時代」を表すほどの重要性を担わされているのに、概念の曖昧さのせいで建設的な議論が妨げられているように思われるのだ。これが、本稿の試みる概念工学で解決を狙う問題である。

## 6　新しい定義の提案

　概念工学の方針としては、もはやトランスサイエンス概念自体を放棄すべき、原作者の意図に忠実であるべき、現代の用法を重要視すべきなど、いくつか考えられる。筆者が支持するのは、ワインバーグと小林の用法のどちらも許容することが望ましいので、それができるように初出論文の定義を改訂するという方針である。しかし、単に複数の用法を許容するだけでは前節で指摘した問題は解決しないだろう。トランスサイエンス概念の批判的検討で焦点にすべき本質的要素を特定する必要がある。筆者は、4 節の検討を踏ま

え、「科学者の担うべき役割」をそこに置くべきだと思う。結論として、トランスサイエンス的な問いの定義を次のように変更することを提案する。

> 科学者に問うことはできるが、(i) 科学者の担うべき役割として答えるべき種類の問いではない、または (ii) 科学者の担うべき役割として答えるべき種類の問いだがその役割を果たすのに必要な基準を満たして答えることができないような問い

ワインバーグの用法だけでなく小林の用法まで許容する意義は、これまでトランスサイエンス概念をめぐって積み重ねてきた議論との連続性を保つことにある。トランスサイエンス初出論文は国内外でかなり引用されており、以降の科学論で大きく注目されてきたし、現代の日本では小林の議論がかなり広く受け入れられている。せっかく重要概念として広まったのだから、この概念を改良して使っていくのが有益だろう。

ワインバーグと小林の用法を別々に定義し、別概念として使い分けるという方針も有力候補に思える[6]。筆者は、二者の用法の使い分けには反対しないが、一つの概念にまとめるメリットが大きいと考えている。実際のところ、筆者の定義は二つの条件を選言でつなげていて、ワインバーグの用法は条件 (ii)、小林の用法は条件 (i) に照らしたものとして使い分けできると暗に認めている。それでも、円滑なコミュニケーションを促進するという実践的な目的では、複数の別概念の導入は避けた方が良い。トランスサイエンス概念は一つの概念として参照されてきた経緯があるため、複数の概念に切り分けると混乱が大きくなるだろうからだ。それに、二者の用法に共通する本質的要素を特定できれば、一つの概念にまとめることの積極的根拠になる。筆者の考えでは、その要素とは「科学者の担うべき役割」である。

筆者の新しい定義は、初出論文の定義の「科学に問うことはできる」という前半と、「科学によって答えることができない」という後半にそれぞれ変更を加えたものである。前半では「科学」を「科学者」に変更している。この変更は、科学に問うことができるのは事実の問いだけかもしれないが、科学者に問うことができるのはあらゆる種類の問いだという考えに基づいている。したがって、変更後の前半部分は、実質的には何の制約にもなっていない。しかし、この変更は、「科学者の担うべき役割」に焦点を当てることに加え、小林の用法を許容できるようにすることを意図している。初出論文の定義では、トランスサイエンス的な問いであるためには事実の問いであることが必要なので、小林の用法を許容できない。

後半部分は大きく変わり、二種類の条件に置き換えられているが、どちらも「科学者の担うべき役割」に依存する。条件 (i) は問いの種類についての判

定を求めている。例えば小林の想定する科学者の役割では、政治の問いは科学者が答えるべきものではなく、トランスサイエンス的な問いである。しかし、ワインバーグの科学者像では、政治の問いに対しても科学者は「技術的改修」を解答すべきであり、政治の問いであるということだけではトランスサイエンス的な問いにならない。条件 (ii) は、問いに答える際に「役割を果たすのに必要な基準を満たせるか」の判定を求めている。4節で検討したように、事実の問いに答える場面に限っても科学者の役割は様々ありえて、具体的にどのような役割を想定するかに応じて基準が異なる。

　「科学者の担うべき役割」に依存した条件を導入すると、各人の想定する科学者像の違いによって、ある問いがトランスサイエンス的な問いかどうか異なりうることになる。それではトランスサイエンス概念をめぐる混乱は解消しないのではないかという懸念もあるだろう。だが、「科学を超えている」というトランスサイエンスの意味は、そもそも「科学」が何かに依存するはずである。科学は歴史的に変わってきたし、分野によっても大きく違っていて、誰もが納得する科学の必要十分条件は今のところ与えられそうにない (Laudan, 1983)。科学が何かについて、人によって意見が違い、議論や交渉の余地があるとすれば、トランスサイエンスが何かについても、議論や交渉の余地があって当然だろう。科学がそうであるなら、「科学者」は尚のことである。本稿で論じる余裕はないが、「科学者の担うべき役割」は、科学者に向けられる問いの社会的重要性によって変わりうるし、科学者がどれだけ信頼性のあることを言えるかという点では分野による違いもあるだろうし、専門職倫理や民主主義論の文脈でも様々な議論ができる。

　注意点として、議論や交渉の余地があると言っているのは「科学者の担うべき役割」についてであって、トランスサイエンス的な課題の解決方法をコンセンサス会議で決めようという小林の議論とは異なる。筆者の定義が含意することとして、科学者は役割上トランスサイエンス的な問いに答えるべきではないと言えるが、科学者以外の誰がその問いに答えるべきかは定義から出てこない。小林の議論の影響力にもかかわらず、定義としては、トランスサイエンスと市民参加の間に対応関係がない方がよいと筆者は考える。4節で触れたように、非専門家の市民が科学者と共に科学の内側に位置付けられる可能性も考えられるのであって、市民参加を科学を超えたところに対応づけると、市民参加の可能性を不必要に狭めてしまうかもしれない。

　詰まるところ、筆者の提案は、トランスサイエンスという言葉の意味を固定することで用語の混乱を収めるというよりは、トランスサイエンスという言葉を使う際に我々が何を議論すべきかを明確にすることを狙ったものであ

る。筆者の定義を踏まえれば、トランスサイエンスをめぐる論争とは「科学者の担うべき役割」の内容を争うものであって、この内容こそが科学と社会の関係を考える際に決定的に重要であるがゆえに、注目され、様々な見解が対立してきたと言える。トランスサイエンスという言葉にとって「科学者の担うべき役割」が本質的な重要性を持っているにもかかわらず、その具体的内容は明示されてこなかった。トランスサイエンスという言葉が果たすべき機能は、この「科学者の担うべき役割」に焦点をあて、科学者に何をどこまで任せるのか、論点先取や暗黙的な前提の押し付けを避けた議論を促すことだというのが、筆者の提案の要点である。

　なお、小林の議論の影響が色濃く残る国内と、トランスサイエンス論が古典的文献として参照されるのみになっている海外とでは、筆者の提案の意義は大きく異なるだろう。とはいえ、ワインバーグのトランスサイエンス概念には曖昧さと設定根拠の問題があり、海外でこれが解消しているわけではない。トランスサイエンス概念が焦点になるところでは、日本以外でも、筆者の提案する定義は役立ちうるだろう。筆者の提案が国内外でどれほど有用かの実践的評価は、今後の研究課題としたい。

## 注

　[1] 初出論文ではなぜかエンジニアリングの例だけ三種のどの意味で科学を超えているのか述べられていない。

　[2]「モデルによる外挿は不確実だが有用だ」と考えていたのだとすれば、ワインバーグは矛盾しているわけではない。しかし、不確実性を問題視する一方で不確実性係数を支持するというのは奇妙である。

　[3] 科学論で「事実と価値が混じり合う」と言うとき、想定されているのは認識的価値ではなく、政治的価値や社会的価値のことである。

　[4] 小林は 2007 年の著書でも同様の説明をしつつ、「その確率を安全と見るか危険と見るかというリスク評価の場面では、判断が入るため」と微妙に表現を変えている (p. 124, 強調は筆者による)。リスク評価は一般的に確率を見積もる仕事のことなので、表現の変更により、事実の問いと政治の問いのどちらが「トランスサイエンス」なのかさらに不明確になってしまった。

　[5] これは全くの空想というわけではなく、例えば、米国の法学者サンスティーンがこれに近い立場をとっている (cf. 松王, 2013)。

　[6] これは匿名の査読者が示唆した方針である。

## 文献

Bross, Irwin DJ (1973) "Trans-science and responsibility," *Science*, Vol. 180, No. 4091, pp. 1122–1124.

Clark, Ian D (1974) "Expert advice in the controversy about supersonic transport in the United States," *Minerva*, Vol. 12, No. 4, pp. 416–432.

Funtowicz, Silvio O and Jerome R Ravetz (1993) "Science for the post-normal age," *Futures*, Vol. 25, No. 7, pp. 739–755.

Gieryn, Thomas F (1995) "Boundaries of science," in Jasanoff, Sheila, Gerald Markle, James Petersen, and Trevor Pinch eds. *Handbook of Science and Technology Studies, Revised Edition*, California: Sage Publications.

Jasanoff, Sheila (1987) "Contested boundaries in policy-relevant science," *Social Studies of Science*, Vol. 17, No. 2, pp. 195–230.

——— (1990) *The Fifth Branch: Science Advisers as Policymakers*, Cambridge: Harvard University Press.

Johnston, Sean F (2018) "Alvin Weinberg and the promotion of the technological fix," *Technology and Culture*, Vol. 59, No. 3, pp. 620–651.

Laudan, Larry (1983) "The demise of the demarcation problem," in Laudan, Larry, RS Cohen, and L Laudan eds. *Physics, Philosophy and Psychoanalysis*, pp. 111–127, Dordrecht: D. Reidel.

Marcus, Alfred A (1988) "Risk, uncertainty, and scientific judgement," *Minerva*, Vol. 26, No. 2, pp. 138–152.

National Research Council (1983) *Risk Assessment in the Federal Government: Managing the Process*, Washington, DC: National Academies Press.

Rushefsky, Mark E (1986) *Making Cancer Policy*, Albany: State University of New York Press.

Shrader-Frechette, Kristin S (1991) *Risk and Rationality: Philosophical Foundations for Populist Reforms*, Berkeley: University of California Press, (松田毅他訳,『環境リスクと合理的意思決定—市民参加の哲学』, 昭和堂, 2007 年).

Weinberg, Alvin M (1962) "Criteria for scientific choice," *Minerva*, Vol. 1, No. 2, pp. 158–171.

—— (1970) "The axiology of science: The urgent question of scientific priorities has helped to promote a growing concern with value in science," *American Scientist*, Vol. 58, No. 6, pp. 612–617.

—— (1971) "The moral imperatives of nuclear energy," *Nuclear News*, Vol. 14, No. 12, pp. 33–37.

—— (1972a) "Science and trans-science," *Minerva*, Vol. 10, No. 2, pp. 209–222.

—— (1972b) "Science and trans-science," *Science*, Vol. 177, No. 4045, p. 211.

—— (1977) "The limits of science and trans-science," *Interdisciplinary Science Reviews*, Vol. 2, No. 4, pp. 337–342.

—— (1978a) "Benefit-cost analysis and the linear hypothesis," *Nature*, Vol. 271, No. 5646, p. 596.

—— (1978b) "The obligations of citizenship in the republic of science," *Minerva*, Vol. 16, No. 1, pp. 1–3.

—— (1978c) "Trans-science," *Nature*, Vol. 273, No. 5658, p. 93.

—— (1981) "Reflections on risk assessment," *Risk Analysis*, Vol. 1, No. 1, pp. 5–7.

—— (1984) "Values in science: Unity as a criterion of scientific choice," *Minerva*, Vol. 22, No. 1, pp. 1–12.

—— (1985) "Science and its limits: The regulator's dilemma," *Issues in Science and Technology*, Vol. 2, No. 1, pp. 59–72.

木原英逸 (2018) 「政治を語って政治を切り詰める—「科学技術社会論」における「政治」理解の狭さについて」,『科学技術社会論研究』, 第 15 巻, 47–65 頁.

小林傳司 (2004)『誰が科学技術について考えるのか—コンセンサス会議という実験』, 名古屋大学出版会.

──── (2007)『トランス・サイエンスの時代──科学技術と社会をつなぐ』，NTT 出版.

戸田山和久 (2011)『「科学的思考」のレッスン──学校で教えてくれないサイエンス』，NHK 出版.

戸田山和久・唐沢かおり（編）(2019)『「概念工学」宣言!──哲学×心理学による知のエンジニアリング』，名古屋大学出版会.

日本学術振興会 (2015)『科学の健全な発展のために──誠実な科学者の心得（テキスト版）』，https://www.jsps.go.jp/j-kousei/data/rinri.pdf（アクセス日：2021 年 6 月 7 日）.

原塑 (2015)「トランス・サイエンス概念と科学技術意思決定への市民参加」，座小田豊（編）『自然観の変遷と人間の運命』，東北大学出版会.

平田光司 (2015)「トランスサイエンスとしての先端巨大技術」，『科学技術社会論研究』，第 11 号，31–49 頁.

松王政浩 (2013)「地球温暖化問題における市民の役割, 科学者の役割：科学技術社会論学会シンポジウム「地球温暖化問題と科学コミュニケーション」報告，哲学者の立場から」，『科学技術コミュニケーション』，第 14 号，55–66 頁.

松岡俊二・加藤和弘・高山範理・石井雅章 (2020)「特集の編集にあたって ポスト・トランス・サイエンスの時代における科学技術リスクと社会的合意形成」，『環境情報科学』，第 49 巻，第 3 号，4–6 頁.

（国立循環器病研究センター）

## 書評

### 鈴木貴之編著『実験哲学入門』
### （勁草書房，2020 年刊行）

評者が実験哲学の存在を知ったのは，2000 年代半ばの大学院生のとき，スティーヴン・スティッチの研究を追っていく中でのことだったから，いまから 15 年ほど前ということになる．海外では 2000 年ごろからスティッチを立役者として実験哲学が動き出し，論文が蓄積され，モノグラフやハンドブックの類も出版されるようになり，現在のような活況を呈するに至っている．だが，それに伴って，扱われる領域や取り上げられる論点が拡大・増加していった結果，この動向に絶えず関心を抱き続けていたものの，少なくとも評者には実験哲学の全貌を捉えることは困難になっていた．こうした点は，実験哲学なるものへの関心を最近もち始めた方たちにとっても同じかもしれない．そこへタイミングよく登場したのが，日本国内で初めて書籍の形で包括的に実験哲学を扱った，この『実験哲学入門』にほかならない．本書は，読めば実験哲学のヘソを押さえつつその全体像をつかむことができる優れものなのである．

本書の構成は，ごくスタンダードな教科書的というべき流れで実に分かりやすい．編著者の鈴木貴之による第 1 章の総論からスタートして，第 2 章から第 7 章までは具体的な研究を紹介する各論が続く．この各論パートでは，知識（笠木雅史），言語とりわけ指示（和泉悠），両立論を中心とする自由意志の問題（太田紘史），有名なノーブ効果を含む行為にまつわる議論（笠木），規範倫理（鈴木真），相対主義などに関するメタ倫理（太田）が扱われ，執筆陣にも気鋭の研究者の名が並ぶ．第 8 章では唐沢かおりが社会心理学の観点から実験哲学を検討し，最後に再び鈴木による「成果と展望」と題した第 9 章で本書は締めくくられる．どの章も明快な整理と検討が手際よく行われており，読者は実験哲学の現状について見通しよく知ることができるだろう．

では，肝心の実験哲学とは一体どのようなものなのか．実験哲学では，従来の哲学上の問題に，心理学の手法を使って実証的・経験的にアプローチすることが試みられる．哲学で用いられる思考実験のシナリオを被験者に提示して質問紙調査を実施し，その結果に統計的な分析を加えることで，知識や自由意志をはじめとする哲学的に重要な概念ないしは直観についての洞察を引き出す，というのが典型的な手順である（イメージング技術で脳活動を調べるといった手法もある）．ここで，被験者として哲学者以外の人たちにも実験に参加してもらうところが，実験哲学の大きなポイントだ．

この点を本書の第 2 章で扱われる知識のケースに即して説明しよう．知識の概念についての実験哲学では，いわゆるゲティア型事例がよく用いられる．ゲティアが

その有名な論文で目指したのは，大雑把にいって，正当化された真なる信念である——つまり「知識のJTB (justified true belief) 分析」の条件を満たしている——にもかかわらず，知識とは見なせないと判断できる事例の存在を示すことであり，その後ゲティアの議論に準じて作り出されたさまざまな事例がゲティア型事例と総称される．このゲティア型事例をさまざまな集団に対して提示し，その事例において知識が成立しているか否かと問うてみると，被験者の文化的なアイデンティティなどによって回答に変化が生じることが判明することもある．こうした結果は，知識の成立条件に関する直観が，それを判断する者の文化的背景をはじめ，多様な要因によって規定されていることをうかがわせる．伝統的な認識論において知識の概念や直観の一様性・普遍性が前提されてきたのだとすれば，このことは一大事である．かりに何らかの哲学的方法（概念分析？）を通じて，哲学コミュニティ内の誰にとっても満足のいく知識の必要十分条件が首尾よくとり出されたとしても，それが哲学者というごく限られた集団の成員がもつ直観に照らして是認されるような概念でしかない以上，他の集団にも受け入れられる普遍性があるどうかはわからないからだ．ここからは，従来の認識論はおよそローカルな実践にすぎなかったのではないか，などと考えたくなるかもしれないが，いずれにせよ，哲学の方法や目的を問い直す契機となりうるという意味で，実験哲学はメタ哲学的にもきわめて重要なムーヴメントなのである．

　急いで付け加えねばならないが，実は初期の実験で示されたとされるこうした文化差については，その後の研究で再現性がないことが確かめられている．知識についての実験哲学は，実験哲学そのものの開始を告げる地点に位置するものであるから，早い段階での研究にいくぶんの粗さがあるのは仕方のないことでもあった．けれども，引き続いて数多くの追試が実施されたことを含めて，それが実験哲学の発展や手法上の洗練に果たした寄与の大きさは疑いない．また実際に，知識以外を対象とする他の領域では，人々の直観的判断が，シナリオや問題の提示の仕方，使用言語，年齢差などに左右されるという所見があることも付言しておこう．

　紙幅も限られているので，本書の興味深い内容のうち，以下では評者が重要で刺激的だと思った点にいくつか触れるにとどめたいと思う．第一に，本書を読むことは，分析的伝統のもとでの哲学が何をしてきたのか——どんな隠れた前提のもとに何を目指してきたのか——を振り返り，その行く末に考えを巡らせるきっかけを与えてくれるという点が挙げられる．ひとつの例として，第3章の末尾で和泉が述べていることを見てみよう．和泉によれば，言語現象を対象にした実験哲学的な研究が進むことで，言語哲学と自然科学の一領域としての言語学との境界はあいまいになってきており，それは言語哲学の自然科学化としても捉えられるという．いうまでもなく，言語哲学はかつて第一哲学とも見なされ，少なくとも長期にわたって分析哲学の中心に位置していた．それだけに，まさにその言語哲学においてはっきりと具体的な姿を伴った自然化の進行が認められるようになってきていることは（そ

して和泉自身はこの趨勢について一向に構わないことだと述べているのも面白いのだが)，今後それが実験哲学を介して分析的伝統の全体を覆う潮流となることを示しているように思われる.

　二点目として，実験哲学によって明かされる人間の心的過程には，時として驚くべき深さを見出すことができることを挙げたい．太田執筆の第4章では，自由意志と道徳的責任の関係という古典的な主題をめぐって，人々のもつ素朴な直観における両立論と非両立論の対立の根を探る研究が紹介されている．そこでは，実験を実施し，それを通じて得られた知見をうまく説明するためのさまざまな仮説が提出され，その仮説から導いた予測を検証にかけるべくうまく実験をデザインし，そしてそれを実施する，というサイクルが描き出されている．太田が示してくれているように，人々が下す直観的判断がいかなる要因の影響を受けるかについて立てられる仮説は，研究の進展とともに精細さをいっそう増していく．たとえば，決定論の脅威とされてきたものは，実はそれとは本来区別されるべき機械論との混同により起こるのかもしれないし，あるいは非両立論的な状況を想像する際に生じる種々の心理的過程のエラーに起因するのかもしれない——こうした点を考慮に入れながらますます精緻になっていく仮説ないしはモデルによって，自由意志や責任帰属についての人間の心理的メカニズムを捉えようとするわけだ．詳しくは本書を実際にご覧いただくほかないが，そうして出来上がっていく心理的メカニズムは素朴で単純な見方からは大きく隔たっており，実験哲学的な手法を用いて初めて到達できるような複雑さと深さのレベルにしばしば達することになる．このこともまた——鈴木が最終章で示唆していることと同趣旨ではあるが——哲学者が，目指してきたこと，答えとして想定してきたこと，探究の方法として用いられてきたことは何だったのかをあらためて考えるうえで，メタ哲学的な関心から非常に重要であろう．また同時に，実験哲学が当初思われていたよりも簡単には物事に決着をつけてはくれず(要するに，ちょろっと実験すれば問題解決なんてことはない)，通常の科学的探究の営為と同様に，実験と議論と仮説形成を地道に重ね続ける必要があることも明らかにしつつあるという意味では，実験哲学そのものにさらなる洗練(あるいは反省)を促すものだといえそうだ．

　最後に，本書では，各章の執筆者が国内外で参加・実施している実験もいくつか紹介されている点も興味深い．哲学者が実験を行う時代がすでに日本にも到来しているということである．本書の出現により，この動きは続く新しい世代にも波及していくだろう．本稿の冒頭では海外における実験哲学の隆盛に触れたが，とどのつまりそれは，実験哲学がノーマルサイエンス化を果たしたということにほかならない．ノーマルサイエンスには標準問題とその解法を記した優れたテキストが重要だが，本書がまさにそうした役割を果たして，日本にも実験哲学をノーマルサイエンスとして定着させることを期待したい．

(植原　亮)

## 第53回（2020年）大会（オンライン開催）記録

**10月10日（土）**

**研究発表**（9:45-12:00）
　《A会場》（9:45-12:00）　司会：1-2　秋葉剛史（千葉大学）
　　　　　　　　　　　　　　　　　　3-4　太田雅子（東洋大学）
　1.壁谷彰慶（東洋英和女学院大学）
　　　　　　　　　　　　　「選択の自由」を選択的注意を通して検討す
　　　　　　　　　　　　　る——Wuの議論を参考に
　2.渡辺一樹（東京大学）　バーナード・ウィリアムズの功利主義批判
　3.稲荷森輝一（北海道大学）自由意志懐疑論は有意義なものでありうるか
　4.石戸雄飛（東京大学）　自由エネルギー原理と徳認識論—拡張され
　　　　　　　　　　　　　た能動的推論による信念形成プロセスの卓越
　　　　　　　　　　　　　性—

　《B会場》（9:45-12:00）　司会：1-2　北島雄一郎（日本大学）
　　　　　　　　　　　　　　　　　　3-4　大塚　淳（京都大学）
　1.砂子岳彦（常葉大学）　科学的観察による場と現象学の関連性：時空
　　　　　　　　　　　　　を構成する光
　2.今井慶悟（京都大学）　量子論的粒子の不可弁別性および個体性に
　　　　　　　　　　　　　ついて—不可識別者同一原理との関係を中心
　　　　　　　　　　　　　に—
　3.鈴木　聡（駒澤大学）　Measurement-Theoretic Foundations of First-
　　　　　　　　　　　　　Order Nominalism in Newtonian Gravitational
　　　　　　　　　　　　　Theory
　4.森田紘平（名古屋大学）・高三和晃（カリフォルニア大学）
　　　　　　　　　　　　　物性物理学におけるモデル間関係とその役割

**理事会・評議員会・大会実行委員会**（12:00-13:30）
**総会〔石本賞授与式〕**（13:30-14:10）《A会場》

**研究発表**（14:15-17:05）

《A会場》（14:15-17:05）　司会：1-2　金杉武司（國學院大學）

　　　　　　　　　　　　　　　　　3-5　網谷祐一（会津大学）

1. 右田晃一（大阪大学）　　知覚における無意識の概念を再考する
2. 藤原諒祐（東京大学）　　チャーチランドのコネクショニスト認識論
　　　　　　　　　　　　　　の批判と拡張
3. 片山光弥（東京大学）　　「経験主義，意味論，存在論」におけるカ
　　　　　　　　　　　　　　ルナップの議論をクワインの批判から擁護
　　　　　　　　　　　　　　する
4. 飯塚　舜（東京大学・日本学術振興会）
　　　　　　　　　　　　　　プロセス信頼性主義は集団の信念の正当化
　　　　　　　　　　　　　　をどのように説明すべきか
5. 千葉将希（東京大学）　　生物学における目的論的虚構主義

《B会場》（14:15-17:05）　司会：1-2　岡田光弘（慶應義塾大学）

　　　　　　　　　　　　　　　　　3-5　岡本賢吾（東京都立大学）

1. 新井啓子（東京都立大学）　Kleene再帰定理のモデル的考察
2. 角田健太郎（東京都立大学）Dual CalculusのCotermとは何者か
3. 竹内　泉（産業技術総合研究所）
　　　　　　　　　　　　　　〈だから〉の意味論
4. 小関健太郎（慶應義塾大学）マイノング主義におけるtruthmakerとして
　　　　　　　　　　　　　　の事態
5. 吉井達哉（京都大学）　　「グルーのパラドクス」とはどのようなパ
　　　　　　　　　　　　　　ラドクスか

**特別講演**（17:15-18:15）《B会場》

「社会心理学者は何を測定しているのか」

　　講演者：三浦麻子（大阪大学）

　　司会者：伊勢田哲治

**10月11日（日）**

**ワークショップ**（9:45-12:00）
 Ⅰ.「超越論哲学はなぜ論理形式を問題とするのか」《A会場》
  オーガナイザー：木本周平（東京都立大学）
  提題者：村井忠康（沖縄国際大学），辻麻衣子（上智大学），
    三上温湯（東京都立大学・日本学術振興会）

**理事会・編集委員会・大会実行委員会**（12:05-13:05）

**研究発表**（13:15-15:30）
 《A会場》（13:15-15:30）  司会：1-2 田中泉吏（慶應義塾大学）
           3-4 横山幹子（筑波大学）
 1.河野哲也（立教大学）  アフリカ的な認識論：認知と道徳の不可分
           離性について
 2.山下智弘（慶應義塾大学） 分析的カント主義の認識論について
 3.黒木　薫（北海道大学）  ポパーの科学哲学と個別科学の接点
 4.池田健人（大阪大学）  ポパーの三世界論において成長する知識とは
           はどのようなものか

 《B会場》（13:15-14:55）  司会：1-3 山田圭一（千葉大学）
 1.明日誠一（青山学院大学） 誰もが誰かをねたんでいる―小さくて大き
           い言語学と論理学の狭間―
 2.小田拓弥（無所属）   メタ言語的使用の多様性と会話的推意
 3.丸田　健（奈良大学）  意味と理解――後期ヴィトゲンシュタイン
           解釈のために

**ワークショップ**（15:40-17:55）
 Ⅱ.「社会の中の道徳的ジレンマ」《B会場》
  オーガナイザー：笠木雅史（名古屋大学）
  提題者：笠木雅史（名古屋大学），大庭弘継（京都大学），
    岡本慎平（広島大学）

## Ⅰ．「超越論哲学はなぜ論理形式を問題とするのか」報告

　本ワークショップはカントの超越論的論証が論理形式についての考察を含むという点を再評価し，カント哲学の脈絡を越えた論理哲学一般の問題として位置づけることを目的とした．当日はオーガナイザーの木本が簡単な導入をしたあとで，以下三人による提題をしてもらい，本主題についての議論を交わした．

　三上温湯の提題「超越論哲学とフレーゲ的意味論」は，一般的には現代的な形式論理学の祖とされるフレーゲの論理学の超越論的側面に焦点を当てる．三上は超越論的論証のポイントを，①我々が基本原理・真理として受け入れている事柄から出発し，②それを説明可能にするために必要（可能性の条件）となる，より根本的で，一般的な基礎概念・原理を明らかにし，③またその基礎原理から，当初我々が受け入れているとされている事柄を（形式的に）導出することによって，その知的活動に客観性を与える点に求める．この観点から，熟達した数学者の証明活動を理解可能にするために推論構造の形式化を試みたフレーゲ論理学とカントの理論哲学との共通性が指摘される．より具体的には，意義と意味の区別もまたそのような試みの一部として理解することができる．すなわち，意義とは証明活動の中で真理保存的に置換可能な計算過程であり，意味とはその表現がそれを含む文の真理性に貢献する限りでもつ意味論値である．フレーゲのこうした概念枠組みは，言語がもつ論理構造についての形式的アプローチに留まるのではなく，そのような論理形式の分析を通じて，数学的実践における対象の与えられ方の可能性を明示化するものである．この点でフレーゲの仕事は論理形式から直観の与えられ方が規定されるというカントの枠組みに沿ったものと言えるものであり，以上の観点からのフレーゲ哲学の再考が期待される．

　続いて村井忠康の提題「トンプソンと超越論哲学」は，マイケル・トンプソン『生命と行為』における「ア・プリオリズム」に焦点を当て，それを一種の超越論的論証の試みとして位置づける．『生命と行為』の大胆な主張は「生命」，「行為」，「慣行」のそれぞれがカント的な意味でのア・プリオリな概念だというものである．トンプソンはそれぞれの概念に固有の判断形式についての哲学的反省を展開することを議論の出発点とする．「生命」や「行為」という概念は「論理的カテゴリー」と同列に位置づけられているが，そのような論理的身分の特殊性を明らかにするのが生命や行為を表現する判断

形式についての反省である．このようにトンプソンの議論は，個々の生き物や行為へとア・プリオリに関わる概念を判断形式についての考察を通じて与えようとする点で，カントの「形而上学的演繹」を地で行くものと言える（ただし，トンプソン自身は自らの方法をフレーゲ的な方法論の拡張だと考えていたようであり，その点について，村井の批判的コメントがあった）．生命文や行為文に関するトンプソンの議論は現在も活発な考察の対象となる一方で，多くの論者が見落としがちなのは彼の一連の議論がもつ超越論的な性格である．この点で村井の提題は時宜にかなったものであり，今後の議論のための基軸を示したと言える．

　以上の提題は，現代的な議論の中での超越論的論証の意義を論じるものであったが，辻麻衣子の提題「カントの超越論哲学はなぜ論理形式を問題とせざるをえなかったのか」は超越論的論証の起源に立ち戻り，論理形式に対するカントの考察がどのような問題意識のもとで生じてきたのかという経緯を，『プロレゴメナ』を経由した『純粋理性批判』両版の展開から考察した．本ワークショップではここまで，論理形式の解明を通じて対象の与えられ方を明示的なものとする議論をゆるやかに「カント的」としてきたが，そもそも『批判』第一版の演繹論では判断形式は対象認識との関連で重要性をもっていなかった．カントが経験の客観性について判断形式を介した統覚の規則的統合の必要性を自覚するようになるのは，心的な表象内容と客観的なものとしての経験内容とを区別する必要性に迫られたためである．すなわち，カントは我々が通常経験と呼ぶものは（たとえそれが知覚に基づくものであったとしても）「心の中の像について」ではなくその「経験の対象について」であるとし，それを何らかの対象についての認識と呼びうるための条件として判断形式を介したカテゴリーの統制に服することを要請した．カントの具体的な議論が成功しているかはともかくとして，『批判』二版で見られる論点は三上と村井の提題の内でより具体的に展開されていると言えるだろう．

　以上の提題のあとで，聴講者からの質問に応答する形で活発な議論が交わされた．本ワークショップはやや挑戦的なタイトルのもとに企画されたが，各提題者による議論は大きな刺激となり，またその重要性を再確認した．この会の成果がより具体的な形へとさらなる展開を見られるよう期待したい．

（木本周平）

## Ⅱ. 「社会の中の道徳的ジレンマ」報告

オーガナイザー：笠木雅史（名古屋大学）
提題者：岡本慎平（広島大学）
　　　　「トロリー問題（とその亜種）の規範倫理学における限界」
　　　　笠木雅史（名古屋大学）
　　　　「自動運転のトロリー問題から考える応用倫理の方法論」
　　　　大庭弘継（京都大学）「トロリー問題と人道的介入」

　道徳的ジレンマが生じる状況とその道徳的含意については，様々な形で論じられてきた．例えば，J・J・トムソン（1971）は，今や著名となったバイオリニスト事例を中絶についての道徳的問題を考察するために用いた．このように道徳的ジレンマの研究は現実の状況で生じる道徳的な価値や原理の衝突を指摘することが意図されてきたにもかかわらず，その議論は現実の複雑さを抽象した仮想的事例を中心に展開されることが多かった．しかし，こうした傾向に近年変化が生じている．一つは方法論的な変化であり，実験哲学や道徳的心理学といった分野が，道徳的ジレンマについて人々はどのような判断を行うのか，またその判断はどのような心理的プロセスを経て行われるのかを経験的な方法によって調査するようになった．もう一つの変化は，これまで抽象的な仮想的事例を中心に議論されてきた道徳的ジレンマを，より現実的な状況下で起こりやすい具体的な事例に即して論じようとする倫理学の応用研究への変化である．典型的には，災害時などで医療資源が限られる中でのトリアージや自動運転車が直面すると予想される事故状況などが道徳的ジレンマの問題として論じられるようになった．本ワークショップは，道徳的ジレンマの研究のこうした新しい動向について検討することを目的として企画された．
　最初に，岡本がトロリー事例の使用に対する規範倫理学内の批判を検討し，ジレンマ状況についての直観がもつ規範理論への含意とその限界を考察した．20世紀中盤以降，少数者への害と多数者への害のトレードオフを基本とする様々な思考実験が，規範倫理学の試金石として用いられてきた．その典型がトロリー問題だが，近年ではこうしたジレンマ的思考実験における直観的判断は現実の日常的な道徳的思考と乖離しており，規範倫理学理論の正当化根拠としては不適当だとする反論が多数寄せられている．特にトロリー問題では，判断の帰結である害は確実に生じるような因果的に特定されたものとして想定するため，リスクを確率的なものとして捉えるべき現実の道徳

判断を歪めてしまう．こうした点からトロリー問題の使用には禁欲的であるべきだとする批判には一考の余地があり，ジレンマ状況の思考実験によって規範倫理学理論の妥当性を検討する議論には注意を払う必要がある．ただし，現実との相違をふまえたうえで直観的判断の明晰化などに用いるなら，トロリー問題は現在でも重要な哲学的含意を持つと岡本は論じた．

次に，笠木は自動運転車に搭載されるAIアルゴリズムの問題として近年論じられるようになった道徳的ジレンマを検討した．自動運転の設計では，さまざまなジレンマ状況で道徳的に許容可能な行動をとることができるAIアルゴリズムを開発することが目標とされ，さまざまな研究が行われている．一方で，自動運転車のどのような行動が道徳的に許容可能だと判断されるのかについては世界規模の調査が行われており，判断の文化差が報告されている．他方，このような判断についての記述的研究から，どのように自動運転車が行動することが許容可能なのかという規範的問題への解答を直接導出することはできない．このため，特定の道徳的原理を組み込んだAIアルゴリズムが道徳的には最善であると論じる者もいる．こうした議論状況に対し，どのような道徳的原理が人々の判断を正当化するのかという観点ではなく，どのような道徳的原理（と補助装置）が人々の判断を説明するのかという観点から，適切な道徳的原理を探求すべきだという示唆を笠木は行った．

最後に，大庭がトロリー問題を現実に応用する際に考慮するべき相似と相違について，国際政治における大量虐殺を阻止するための人道的介入を事例に検討した．人道的介入は，数十万人を救うために数万人を巻き添えにする軍事介入を許容できるかという，トロリー問題に相似する問題を抱えてきた．しかし，幾つかの相違点が存在する．第一に，妥当性問題である．トロリー問題は思考実験であり選択肢は限定的だが，人道的介入に至る選択肢は無数に存在するため，選択肢の妥当性が常に疑義にさらされる．第二に，責任制問題である．トロリー問題の選択は一人が行うが，人道的介入は，国民世論に基づいて政治家が決断し軍人が実行するという複雑な階層性を持っているため，責任が不明確になりやすい．第三に，正統性問題である．政治を介した人道的介入の意志決定と異なり，トロリー問題など思考実験の調査結果を自動運転に実装することは，正統性を欠くことになる．このように，トロリー問題を人道的介入に応用する際の考慮事項を大庭は指摘した．

規範倫理学の従来の道徳的ジレンマ研究の応用の意義と限界については，多くの点で提題者3名の見解は一致していた．これらの点については，フロアからも積極的に質問，意見が提出され，活発な議論が行われた．

（笠木雅史）

# 投 稿 規 程

### 1．テーマ

　科学哲学および関連諸領域に関するもの．但し，関連諸領域の専門的な内容を扱うものに関しては，専門分野以外の会員も原稿の主旨が理解できて，関心を抱きうるようなもの．

### 2．投稿資格

　(1) 当年度までの会費を納入済みの日本科学哲学会会員に限ります．

　(2) 同一著者が同時に2篇以上を投稿したり，投稿中の原稿の審査結果が出る前に別の投稿をすることは認めません．

　　　ただし，単著論文と（他の会員との）共著論文は投稿可能です．また，共著論文については，共著者（会員に限る）が異なる場合は複数の論文を投稿可能です．

　(3) 原稿は未公刊のものに限ります．他誌（外国語誌を含む）に投稿中のもの，掲載予定のものも投稿することはできません．また，本誌掲載後（投稿中も含む）は他誌への投稿を禁じます．

　　※非会員との共著原稿の場合は，共著者のなかの会員は上記の投稿資格を満たすようにしてください．

### 3．原稿の種類

　(1)「論文」

　　(1-1)「自由応募論文」：会員が自らテーマを自由に設定した通常の論文．

　　(1-2)「サーヴェイ論文」：特定分野での現在の研究状況・研究課題を紹介し，会員への情報提供に資することを狙いとする論文．但し，編集委員会の判断で，著者の了解を得た上で「自由応募論文」として投稿されたものの中から採用することもあります．

　(2)「研究ノート」：オリジナルな着想について，なお細部の詰めは残っているとしても討論に付して，会員からのコメントを求める論文．

　(3)「討論」：本誌に掲載された論文（書評等を含む）についてのディスカッション．

　(4)「提言」：研究，教育，学会活動に関する意見，提案．

### 4．使用言語

　「論文」，「研究ノート」，「討論」，「提言」は日本語もしくは英語とします．

### 5．原稿の書式

　(1) ブラインド・レフェリー制を徹底するため，原稿の著者を特定しうる表現（例えば，「拙著」，「拙論」）は使用しないでください．

　(2) 著者氏名や所属については，投稿用調書にのみ記述し，原稿には一切記述しないでください．また表紙を添付する必要はありません．．

　(3) 注は，本文末に一括してください．

　(4) 書誌情報は注に記さずに，注の後に文献表を設けてまとめて記してください．

　(5)「論文」冒頭には，論文タイトル（日本語論文の場合には英語のタイトルも）および英語100語程度の「アブストラクト」を記してください．

　(6) 投稿時の1行の字数，1ページの行数は自由ですが，読みやすい形式としてください．但し，原稿作成にTeX形式を使用する場合は，必ず本学会ウェブサイトに掲載されているテンプレートを用いて原稿を作成して下さい．

　(7) 文字サイズは，題名や注を含め，すべて10.5ポイントとします．さらに英語原稿の場合は，フォントはcenturyかtimes（それがない場合は，類似のフォント）としてください．

### 6．原稿の分量

　(1)「論文」の長さは，原則として和文の場合2万字以内（ただしアルファベット等の半角文字は0.5字と換算してよい），英文の場合は8,000語以内とします．いずれの場合も，必ず字数ないし語数を論文の末尾に付記してください．この字数には，題名，アブストラクト，数式，

表, 注, 文献表など一切を含めて下さい. 初回投稿時に制限字数を超えたものは審査対象としません.

　なお, 字数・語数のカウントが難しい場合は, 1行34字×35行（本学会ウェブサイトに掲載されているテンプレートはこの形式になっています）の書式で20ページ以内に収められた原稿を提出することでも字数制限を満たしたものとみなします. この場合, 原稿が指定の書式に従っていることを必ず末尾に付記して下さい.

(2) 「研究ノート」「提言」は和文5,000字, 英文2,000語以内, あるいは指定の書式で5ページ以内, 「討論」は和文3,000字, 英文1,200語以内, あるいは指定の書式で3ページ以内とします. その他の点については「論文」と同様です.

## 7. 提出様式

(1) 投稿の際には, 次の (a) (b) を事務局に提出してください. 両方が揃ったときに, 正式な投稿として受け付けます. （なお, 手書きで執筆の方は, 個人で対応していただくか, あるいは事務局にご相談下さい.）

　(a) ワープロないしTeXテンプレートで作成した原稿をPDF形式に変換し, PDFファイルのみをメールで送付（マイクロソフトワード形式の場合はワードファイルの送付でも可）. メールが使用できない方は, Windows用フォーマットのメディア（CD・フラッシュメモリーのいずれか）に保存した上記ファイルを郵送.

　(b) 本学会ウェブサイトに掲載されている「投稿用調書」に所定事項を記入してメールで送付, あるいは1部を郵送.

(2) いただいた投稿原稿に文字化けやフォーマットのくずれの恐れがある場合などは, 論文本体をプリントアウトしたものを送付願う場合があります. 該当する場合は投稿後事務局より連絡いたします.

## 8. 投稿受付

随時, 投稿を受け付けます.

## 9. 投稿先

メールの場合：日本科学哲学会事務局 philsci@pssj.info 宛. 件名を「『科学哲学』投稿」としてください.

郵送の場合：当年度の「日本科学哲学会事務局」宛. 表に「『科学哲学』投稿」と朱書してください.

## 10. 審査

掲載の可否は, 学会誌編集委員会がブラインド・レフェリー制により判定します. 原稿によって審査の進行状況が異なりますので, 審査結果の通知は随時行います. ブラインド・レフェリーによる審査は, 投稿された「論文」,「研究ノート」,「討論」,「提言」について行います. 編集委員会の審議を経て本学会より執筆を依頼した原稿（招待論文, 書評, その他）については, 原則としてブラインド・レフェリーによる審査は行いませんが, 編集委員会より修正等の提案のコメントをつけることがあります. ただし, 以下の場合には, 依頼原稿でも, 投稿された「論文」と同様のブラインド・レフェリー制による審査が行われます.

(1) 依頼した書評が,「論文」として扱うのが適切な内容となった場合.

(2) 依頼した招待論文の著者が,「論文」としての審査を希望した場合.

## 11. 掲載決定原稿

掲載が決定した原稿については, 次の (a),(b),(c) を事務局に提出してください.

　(a) A4用紙に印刷した原稿1部を郵送.

　(b) 原稿のワープロ用ファイルと（可能ならば）確認用PDFファイルをメールで送付. メールが使用できない方は, メディア（CD・フラッシュメモリーのいずれか）を郵送.

 (c) 本学会HPに掲載されている「著作権に関する承諾書」に所定事項を記入・捺印して1部を郵送.

## 12. 校正

 編集委員会による審査を経ていますので，校正時に大幅な修正は認められません．字句の訂正など，軽微なものにとどめてください．校正は2校までとします．

## 13. 原稿料と抜刷

 原稿料は差し上げません．抜刷は30部無料，31部以上は有料（10部につき1,000円）です．抜刷を31部以上希望する場合は，校正刷返却時に印刷会社へお申し込みください.

## 14. 提出物の返却

 掲載の可否にかかわらず，応募原稿やメディアは返却しません.

## 15. 著作権規程

 『科学哲学』に掲載された論文の著作権については「日本科学哲学会 著作権規程」（平成20年10月18日制定）にそって処理されますので，そちらも投稿の際にご参照ください.

---

 これは投稿規定には当たりませんが，ご投稿いただいた後，即日の返信等はできかねます．ご投稿から10日経っても当会事務局からの返信メールが届かない場合は，メール送受信のトラブルの可能性もありますので，恐れ入りますが当会事務局メールアドレス philsci(AT)pssj(DOT)info までお問い合わせください.

# 日本科学哲学会会則（現行）

1997年11月15日改正
1998年 4 月 1 日施行
2010年11月27日改正
2011年 4 月 1 日施行
2016年11月19日改正
2016年11月19日施行

第 1 条　本会は日本科学哲学会（欧文名 Philosophy of Science Society, Japan）と称する.

第 2 条　本会は科学哲学および関連諸領域に関する研究の推進と交流を目的とする.

　　　　その目的を達成するため，次の事業を行う.

　　　　1　年次大会および研究会の開催.

　　　　2　機関誌の発行.

　　　　3　その他目的達成に必要な事業.

第 3 条　本会の会員は正会員，準会員，賛助会員，名誉会員とする．入会，退会，身分の変更に関しては理事会の承認を必要とする.

　　　　1　正会員は四年制大学卒業もしくはそれと同等の資格ありと理事会が認定した者とする.

　　　　2　準会員は前項（第3条1）に該当しない個人とする.

　　　　3　賛助会員は本会の趣旨に賛同する個人もしくは団体とする.

　　　　4　正会員のみが，評議員および役員の選挙権および被選挙権を有する.

　　　　5　以下の三項のいずれかに該当する70歳以上の正会員は名誉会員となることができる.

　　　　　　但し，以下のいずれかに該当する者でも，本人の希望があれば正会員の身分にとどまることができる.

　　　　　　（1）会長を務めた者

　　　　　　（2）理事を 4 期12年以上務めた者

　　　　　　（3）本会に対して特段の功績があると理事会が認定した者

　　　　　　名誉会員には，以下の条項が適用される.

　　　　　　（1）名誉会員は，学会費を免除される.

　　　　　　（2）名誉会員は，選挙権および被選挙権を有しない.

　　　　　　（3）名誉会員は，機関誌に論文を投稿すること，並びに年次大会において研究発表を行うことができる.

　　　　　　（4）名誉会員には，機関誌，プログラム等が配布される.

第 4 条　本会は毎年一回定例総会を開催する．ただし，必要がある場合には臨時総会を開くことができる．総会の召集は理事会の決定により会長がこれを行う．定例総会においては，年間事業報告，および会計報告が行われなければならない.

第 5 条　本会に評議員会をおく．評議員会は会長が召集し，本会の重要事項を審議し，その活動を助成する.

　　　　1　評議員は会員の選挙によって40名を選出し，その任期は 3 年（4月1日から 3 年後の 3 月31日まで）とする.

　　　　2　任期開始時に満70歳以上となる者は，評議員選挙における被選挙権をもたない.

　　　　3　評議員会は毎年一回これを開催する．その他必要に応じて開催することができる.

第 6 条　本会に下記の役員をおく．役員は，会長，理事，監事とし，その任期は 3 年（4月1日から 3 年後の 3 月31日まで）とする．再選を妨げないが，会長および監事は通算 2 期まで

とする．任期開始時に満70歳以上となる者は，役員選挙における被選挙権をもたない．

    1   会長  1名  会長は本会を代表し，会務を統率する．会長は理事の互選によって選出される．会長においてその職務の執行に支障あるときは会長代行をおくことができる．会長代行は理事の中から選出され，かつ，理事会の承認を得るものとする．また，会長代行の任期は会長の任期を越えないものとする．

    2   理事  18名  理事は会長を補佐し，本会の運営に当たる．理事は評議員の互選によって選出される．会長はこのほかに事務局担当理事，および総務担当理事各1名を追加指名することができる．

    3   監事  2名  監事は本会の会計を監査し，その結果を総会において報告する．監事は評議員の互選によって選出される．

第7条  役員はすべて無給とする．会務の遂行を助けるため，幹事，または有給の事務職員をおくことができる．

第8条  顧問として学識経験者若干名を理事会の推薦によって，会長がこれを委嘱することができる．

第9条  本会に下記の委員会をおく．

    1   学会誌編集委員会

    2   年次大会実行委員会

    3   その他，必要に応じて，企画委員会など各種委員会をおくことができる．

    4   各委員会委員および委員長は理事会の議を経て，会長がこれを任命する．

第10条  本会会費は年額  正会員6,000円，準会員3,000円，賛助会員は一口10,000円以上とする．

第11条  会費未納2年におよぶ者は，選挙権および被選挙権をもたない．

第12条  会費未納5年以上の会員はこれを除名することができる．

第13条  本会に事務局をおく．その担当期間は原則として3年とする．

第14条  本会の会計年度は，毎年4月1日から翌年3月31日までとする．

第15条  この会則の改正は，理事会の発議にもとづき，評議員会および総会の議を経て，これを行う．

付則1  評議員選挙規程

    1   選挙は会員の郵送による無記名投票をもって行う．

    2   投票は学会事務局より送付する投票用紙によって行う．

    3   40名以内連記とする．40名をこえて記入したものは無効とする．

    4   開票は，会長から委嘱された会員（評議員を除く）若干名の立会いの下に事務局において行う．

    5   最下位当選者が複数となり，評議員当選者が40名をこえる場合には，女性と若年者をこの順で優先する．

付則2  理事選挙規程

    1   選挙は評議員選挙当選者の互選とし，郵送による無記名投票をもって行う．

    2   投票は評議員選挙後に，学会事務局より送付する投票用紙によって行う．

    3   18名以内連記とする．18名をこえて記入したものは無効とする．

    4   開票は，会長から委嘱された会員（評議員を除く）若干名の立会いの下に事務局において行う．

    5   最下位当選者が複数となり，理事当選者が18名をこえる場合には，女性と若年者をこの順で優先する．

付則3  監事選挙規程

1 選挙は評議員選挙当選者の互選とし，郵送による無記名投票をもって行う．ただし，理事は監事を兼ねることはできない．
2 投票は理事選挙後に，学会事務局より送付する投票用紙によって行う．
3 2名以内連記とする．2名をこえて記入したものは無効とする．
4 開票は，会長から委嘱された会員（評議員を除く）若干名の立会いの下に事務局において行う．
5 最下位当選者が複数となり監事当選者が2名をこえる場合には女性と若年者をこの順で優先する．

付則4 会長選挙規程
1 選挙は理事選挙当選者の互選とし，郵送による無記名投票をもって行う．
2 投票は理事選挙後に，学会事務局より送付する投票用紙によって行う．
3 1名記入とする．1名をこえて記入したものは無効とする．
4 開票は，会長から委嘱された会員（評議員を除く）若干名の立会いの下に事務局において行う．
5 当選者が複数となった場合には，女性と若年者をこの順で優先する．


# 日本科学哲学会研究倫理規程

2010年11月28日制定
2010年11月29日施行

**目的**

第1条　本規程は，日本科学哲学会（以下，「本学会」という）会員の研究方法と成果公表等に関わる遵守事項を定め，学会としての研究倫理上の社会的責任を果たすことを目的とする．科学哲学研究・教育の健全な発展のために，本学会は，「日本科学哲学会研究倫理規程」を制定するとともに，全会員に対して，知的不正行為の防止の必要性を強く訴えるものである．

**会員の遵守事項**

第2条　会員は，研究の自由を前提に，以下の事項を遵守しなければならない．
　1．本学会の運営にあたって，会員は，常に公正を維持しなければならない．とりわけ，本学会へ投稿される論文，本学会での発表の希望，および石本基金諸事業への応募に関して，その審査にあたる会員は，公正を保った審査を行わなければならない．
　2．会員は，研究成果の発表に際して，著作権を侵害する行為，とりわけ，剽窃・盗用を行ってはならない．同じく，名誉の毀損など，人権侵害を行ってはならない．
　3．その他，本学会諸規程に違反してはならない．

**調査委員会の設置**

第3条　会員は，第2条に挙げられた事項に対する侵害（以下，「不正行為」という）と思われる行為に関して，本学会事務局に訴えることができる．

第4条　不正行為の訴えがなされた場合，事務局はそのことを速やかに理事会に報告し，理事会は，第1条の目的を達成するために，調査委員会を設置して調査を行うこととする．

第5条　調査委員会は，理事会において指名された若干名の委員をもって構成する．

## 調査委員会の役割

第 6 条　調査委員会は，必要があれば訴えを受けた会員からの弁明の聴取も含めて，公正な調査を行い，設置から 3 ヶ月以内に，不正行為の有無に関する報告書を理事会あてに提出するものとする．

第 7 条　調査委員会委員は，調査事項について守秘義務を負う．

## 処遇の決定

第 8 条　調査委員会の報告を受けて，理事会は，訴えを受けた会員に関する処遇を決定する．不正行為が認定された場合の処遇は，(1) 不正が軽微であるために不処分，(2) 役員・評議員・各種委員の資格停止，(3) 学会誌への投稿，学会発表申し込み，および石本基金諸事業への応募禁止，(4) 会員の資格停止，(5) 除名，のいずれかとする．ただし，(2) と (3) は重複することができる．

第 9 条　処遇の決定は，理事会において，次の手順で行う．

1. 初めに，(1) の不処分とするのか，それとも (2) ～ (5) のいずれかの処分を行うのかを，審議，決定する．その際，処分を行うという決定のためには，出席理事の 3 分の 2 以上の賛成を必要とする．

2. 前項の審議において，処分を行うと決定された場合には，次に，(2) ～ (5) のうちのいずれの処分を行うのかを，審議，決定する．その際，(5) 除名の決定のためには，出席理事の 3 分の 2 以上の賛成を必要とする．

第10条　不正行為が認定され，処分を受けた会員は，理事会の決定に不服がある場合，処分の通知を受けた日から 1 ヶ月以内に，異議申し立てを行うことができる．異議申し立てがあった場合には，理事会は速やかに再調査を行うものとする．

第11条　調査の結果，不正行為の事実が存在せず，訴えが悪意によるものであると判明した場合には，理事会は，訴えを起こした会員に対して，第 8 条に準じた処遇を行う．

第12条　不正行為が認定され，処分を受けた会員が所属する研究機関等から要請があった場合には，理事会は，異議申し立て期間の終了後に，当該機関等に対して，不正行為に関する報告書を交付することができる．

## 改正・廃止の手続き

第13条　本規程の改正・廃止は，理事会において原案を決定し，評議員会および総会の議を経て，これを行う．

---

◆日本科学哲学会に関するお問い合わせは下記にお願い致します．

〒192-0397　東京都八王子市南大沢 1-1　東京都立大学大学院人文科学研究科哲学事務室内

日　本　科　学　哲　学　会

振　替　0 0 1 7 0 - 2 - 5 5 3 2 6

e - m a i l : p h i l s c i @ p s s j . i n f o

URL: http://pssj.info/

**編集後記▶**本号は自由応募論文5篇を中心とし，これに書評1篇と昨年度大会記録を加えた構成となっています．各巻の1号に掲載枠を設けている若手研究助成の報告論文は本号では該当がありませんでした．昨年度大会はコロナウィルス問題の影響で本学会初めての遠隔会議形式開催となり大会シンポジウムが開催されなかったため，シンポジウム報告が大会記録にありません．

　自由応募論文などの査読付き記事は随時投稿できます．自由応募論文以外にも投稿記事のカテゴリーが複数あります．投稿規定をご参照ください．

　新しい時代の変化に即して学会誌も変化が求められています．私は，インターネット環境の出現によってもっと早く，しかも短期間のうちに学術雑誌出版のあり方に大変革が起こるだろうと予想していました．予想は外れました．実際には私が思っていたよりずっとゆっくりと進んできました．英語の自然科学系または生命科学系諸雑誌においてさえも，Open Scienceへの変化や査読システムの変化は予想外にゆっくりしているという印象でした．しかし，近年いろいろな変化があるようです．本誌や関連諸学会誌では目に見える変化はまだしばらく先のことでしょうが，まずはOpen Scienceの潮流のなかですぐに対応できることや編集局作業の効率化などを引き続き着実に進めます．

（岡田光弘）

科学哲学　2021 年度　54 巻　1 号　　　ISSN 0289-3428

2021 年 9 月 30 日　第 1 刷発行

編　集　日　本　科　学　哲　学　会
発　行　〒192-0397　東京都八王子市南大沢 1-1
　　　　東京都立大学大学院人文科学研究科哲学事務室内
印　刷　株　式　会　社　文　成　印　刷
　　　　〒168-0062　東京都杉並区方南 1-4-1
発　売　（株）駿　河　台　出　版　社
　　　　〒101-0062　東京都千代田区神田駿河台 3-7